gutes leben
bene!

SEBASTIAN 23

ALLES WIRD GUT

Die Welt retten in 5712 einfachen Schritten

*Die Erde soll früher einmal
ein Paradies gewesen sein.
Möglich ist alles.
Die Erde könnte
wieder ein Paradies werden.
Alles ist möglich.*

Erich Kästner

INHALT

Prolog: Gibt es eine Zukunft? 6
Die schönsten Untergänge der Welt 15
Omnikrise und Optimismus 24
Klima 38
Kapitalismus und Wachstumsdogma 50
Verkehr 62
Energie 73
Politik 84
Ernährung 96
Arbeit und Lohn 107
Medien 119
Künstliche Intelligenz 129
Liebe in Zeiten des Patriarchats 137
Glaube und Aber 150
Wie alles gut wird 164

Quellen / Impressum 176

PROLOG: GIBT ES EINE ZUKUNFT?

Es war ein kühler und wolkenverhangener Tag in Washington D.C., doch der Sommer war nicht weit. Daran dachte wohl auch Donald Trump, der damals noch US-Präsident war und die Presse am 23. April 2020 zu seinem täglichen Corona-Briefing eingeladen hatte. Nachdem ihm Experten gesagt hatten, dass im Sommer aufgrund von mehr Sonnenlicht samt UV-Strahlung rückläufige Infektionsraten zu erwarten seien, gab sich Trump inspiriert. »Mal angenommen, man könnte das Licht in den Körper bringen«, so spekulierte er, »das wäre gewaltig.« Die erwähnten Expert*innen waren entsetzt. Vermutlich hatten sie Angst, dass Trump als Nächstes anordnen könnte, probeweise mal ein paar Covid-Patienten zu öffnen und eine starke Taschenlampe reinzuhalten. Doch so entging fast allen die tiefe Poesie dieses Moments: Hatte Trump nicht gerade gesagt, dass wir Licht in die Menschen hineinbringen sollten, um eine große Krise der Gegenwart zu lösen? Das liegt doch inhaltlich exakt auf einer Linie mit den berühmten letzten Worten Goethes: »Mehr Licht!« Oder kam das nur mir so vor, weil ich mich damals, gut einen Monat nach Beginn des ersten Lockdowns, zu intensiv mit meiner Raufasertapete beschäftigt hatte?

Alles wird gut. Das ist eine kühne Behauptung. Aber ist das nicht auch das Ziel? Also, nicht das Aufstellen von Behauptungen, sondern dass alles gut wird? Es klingt banal und kommt irgendwie unterschwellig daher – wie der Refrain eines Bob-Marley-Songs. Und es ist natürlich sehr, sehr allgemein formuliert. Dass alles gut wird, lässt so viele Interpretationen zu, wie es Eltern auf der Welt gibt, die diesen Satz zum Trost sagen, wenn sich ihre Kinder die Knie aufgeschlagen haben.

Alles wird gut, das bedeutet für jeden Menschen etwas anderes: Lottogewinn, Wochenende, CO_2-Neutralität, ein Date mit Sören, Freibier, kein Hunger mehr, soziale Gerechtigkeit, Wahlsieg, Schluss machen mit Sören, kein Stress mehr mit der Ausländerbehörde, ein vergoldetes Steak, ein Hafermilch-Cappuccino oder der Mond, der sich auf sanft wiegenden Wellen spiegelt. Was uns dabei alle eint, ist jedoch der Wunsch nach einer besseren Zukunft. Nur haben wir alle wahrlich unterschiedliche Vorstellungen davon, wie diese aussieht und erreicht werden kann. Aber vielleicht müssen wir zurück zu dieser Basis, um uns sinnvoll auf die Suche nach einer Utopie zu machen.

Alles wird gut.

Womöglich ist der Satz in Anbetracht der Zeit, in der wir leben, auch frech, verwegen, naiv – vor allem sagt es sich einfach in einem der reichsten Länder der Welt. Aber dann ist mir wieder eingefallen, dass ich ja gar nicht in Norwegen lebe, sondern in Bochum. Und trotzdem habe ich Hoffnung, sehr gute Pommes und meistens sogar eine ordentliche Portion Optimismus. Das bedeutet nicht, dass ich mich beim

Pommes-Essen zurücklehne und darauf hoffe, dass eine unsichtbare Hand kommt, die alles für mich regelt – sei es die Hand Gottes, die von Hui Buh, dem Schlossgespenst, oder die des freien Marktes. Im Gegenteil: Ich weiß es und spüre es in jeder Faser meines Körpers: Wir müssen handeln, denn die Dinge können nicht so bleiben, wie sie sind. Ich glaube jedoch, wir brauchen ein Mindestmaß an Optimismus, um handlungsfähig zu bleiben – und wir müssen handeln, um optimistisch zu bleiben.

Wenn ich aber die Nachrichten anschalte, dann merke ich oft erst zehn Minuten später, dass ich keinen Weltuntergangs-Hollywood-Film von Michael Bay gucke, sondern dass es wirklich so schlimm um uns steht: Pole schmelzen, Wälder brennen, Kriege toben, Flut hier, Sturm da, Alice Weidel, Dürre, Pandemie und Wurst im Eigendarm. Dann fällt es mir plötzlich erschreckend leicht, mit zynischen Kommentaren um mich zu werfen und zu sagen, dass die Menschheit eh verloren hat. Aber soll man sich jetzt ein Kakerlaken-Fan-Shirt anziehen, um den zukünftigen Herrschern dieses Planeten schon mal zu huldigen? Oder nehmen wir uns einen Moment, um unser Welt- und Menschenbild wenigstens einmal kurz zu betrachten und uns zu fragen: Sollte auf meinem Fan-Shirt nicht vielleicht doch ein Mensch sein? Und wenn ja: Wie viele?

Sich die Hoffnung zu bewahren, ist eine Herausforderung. Aber es ist gleichzeitig auch eine Pflicht, denn die Alternative wäre, aufzugeben, zynisch zu werden und zu hoffen, dass man eines Morgens aus unruhigen Träumen erwacht und sich in einen Käfer verwandelt hat.

Ein ehemaliger Psychologie-Student hat mir erzählt, dass er sein Studium aufgegeben hat, nachdem ihm klar wurde, dass ein großer Teil der psychischen Probleme, von denen er hörte, eigentlich ganz normale Reaktionen auf die permanente Überforderung waren, der Menschen heute ausgesetzt sind: medial, sensorisch, durch Existenzängste, Klimakrise, fehlende soziale Gerechtigkeit, immer mehr Arbeit und immer knappere Kassen. Es kam meinem Bekannten falsch vor, Menschen durch Therapien dabei zu helfen, all das besser aushalten zu können. Denn am Ende würde er damit einen Beitrag dazu leisten, das System am Laufen zu halten, das so viele Menschen unter die Räder geraten lässt. Stattdessen will er sich lieber dafür einsetzen, die Ursache für all das Leid anzugehen. Und dieser Gedanke – dass er es schaffen kann, etwas dazu beizutragen, dass die Situation an sich besser wird –, das ist genau die Sorte Hoffnung und Optimismus, um die es mir geht.

»Dunkelheit kann Dunkelheit nicht vertreiben, das kann nur Licht«, hat Martin Luther King Jr. mal gesagt. Und da sind wir wieder beim Licht, das irgendwie in die Menschen hineinmuss.

Gleich vorweg möchte ich klarstellen, dass ich eher »Team Teelicht« bin als »Team Stadionscheinwerfer«. Dieses Buch beansprucht selbstverständlich nicht, alle Krisen der Welt lösen zu können. Es behauptet lediglich, dass viele Krisen der Welt lösbar sind. Und zwar durch uns – wenn wir wollen. Ich selbst bin dabei weder der ideale Vorreiter, noch habe ich die Weisheit mit ganz großen Löffeln gefressen. Ich habe höchstens mal versucht, mit einer Kuchengabel von der Klugheit zu naschen. Leider handelte es sich um Suppe.

Trotzdem weiß ich, dass in einem komplexen System wie unserer menschlichen Gesellschaft jeder noch so kleine positive Beitrag ein positiver Kipppunkt sein kann. Und dass wir keine Chance haben, unsere eigene Wirkung überhaupt in Gänze zu erfassen. Wohin fliegen die Funken unserer Handlungen, welche Feuer entfachen sie in anderen und wohin sprühen dann deren Funken?

Selbst eine kleine, unbedachte Nettigkeit im Alltag kann potenziell die Welt verändern. Auf jeden Fall aber die Welt derer, zu denen man nett ist. Es lohnt sich also in jedem Fall, auch in tiefen Krisen einen Funken Hoffnung zu bewahren – selbst, wenn es nicht für uns ist. Die Welt kann besser werden. Und das in vielen, kleinen und großen Schritten. Vielleicht in 5712 Schritten?

Wenn wir aber ganz hinten im Wörterbuch nachschlagen und uns dort den Zynismus aneignen, dann geht uns jeder Optimismus verloren und unsere Haltung wird destruktiv. Und so, wie unsere Gedanken unsere Haltung prägen, prägt unsere Haltung unseren Charakter und unser Charakter unser Leben. Das heißt nicht, dass zynischen oder destruktiven Menschen nur schlechte Dinge passieren. Im Gegenteil, es ist durchaus möglich, als Zyniker*in einen Großkonzern zu leiten und in seiner/ihrer Freizeit weit hinten im Wörterbuch zwischen Zedern auf Jachten vor Zypern Zabaione zu verzehren. Aber die Fähigkeit, dabei großes Glück zu empfinden, geht Zyniker*innen auf dem Weg dorthin in weiten Teilen verloren. Und ich weiß zwar nicht, wie es dir geht, aber ich esse lieber glücklich Pommes als deprimiert Austern.

Dazu werfe ich in diesem Buch ein paar Ideen in die Fritteuse. Davon brauchen wir definitiv weit mehr, als ich hier bieten kann. Vielleicht ist am Ende auch keine meiner Ideen knusprig. Das macht aber nichts. Wichtig ist nur, dass wir optimistisch bleiben, offen und beweglich; ausgerichtet auf die Vorstellung einer besseren Zukunft. Dann werden einige von allein auf Ideen kommen, wie sie aktiv werden können. Denn hinter einem Satz können sich vermutlich fast alle Menschen dieser Welt vereinen: So, wie es ist, kann es nicht bleiben! Wir wollen, dass es am Ende gut ausgeht. Dass wir den Klimawandel und andere schlimme Entwicklungen stoppen können. Das funktioniert sicher nicht immer mit allem, aber den Versuch ist es wert.

*

Bevor ich mitten hineinspringe ins Thema, noch ein paar Gedanken zu meinem Medium und dem eingesetzten Werkzeug: Wenn man ein Buch schreibt, macht man sich naturgemäß viele Gedanken über Sprache. Sowohl mein Lektor als auch ich legen jeweils einen sehr großen Wert auf korrekte Rechtschraibugn. Und mir ist jetzt schon klar, dass sich einige an dem Umstand stoßen werden, dass viele Anglizismen im Text zu finden sind. Aber mein Leitsatz dazu stammt seit jeher von der deutschen Modeschöpferin Jil Sander: »Unser voice geht auch auf peoples, die unseren style appreciaten.«
Gendernutrale Sprache würde ich hingegen niemals verwenden, meine lieben Leser*innen. Denn da kriegt man von vielen Kritiker*innen auch direkt einen drüber. Als ich beispielsweise einmal in einem Beitrag das Wort »Studie-

rende« verwendete, wiesen mich gleich Experten (!) darauf hin, dass das Wort keinen Sinn ergebe. Ich war erst erstaunt, denn der Begriff wird ja nun schon seit Jahrzehnten so verwendet, auch in der Alltagssprache. Aber man klärte mich auf: Da das Wort auf dem Partizip »studierend« beruht, ist es nur zutreffend auf Menschen, die gerade jetzt in der Uni sitzen und aktiv studieren. Wenn die abends ein Bier trinken, sind das keine Studierende mehr, sondern Biertrinkende. Da ist etwas dran, dachte ich. Wenn ich abends einschlafe, bin ich auch kein Alleinerziehender mehr. Dann bin ich ein Schlafender. Schade für die Kinder, gut für die Sprache.

Im März 2023 haben CDU und FDP in Stralsund einen Antrag der AfD unterstützt, genderneutrale Sprache in der Stadtverwaltung zu verbieten. Es geht wohl eine größere Gefahr für Deutschland davon aus, dass geschlechtergerechte Sprache benutzt wird, als davon, mit Parteien zusammenzuarbeiten, die Rassist*innen und Faschist*innen in ihren Reihen dulden. Allerdings stellte sich mir die Frage, wer denn jetzt hier eigentlich die »Sprachpolizei« ist und wer die »Verbotspartei«. Im Gegensatz zur FDP bin ich da eher liberal und rede und schreibe so, wie ich es für angemessen halte. Insofern mein Lektor es mir durchgehen lässt. Das muss nicht allen gefallen, wie alles andere in diesem Buch auch.

Vor Kurzem hat mir ein Leser unter einen Beitrag auf Social Media geschrieben, dass ich nerve. Ich fand das ein sehr schönes Kompliment. In diesen Zeiten nichts und niemanden zu stören, das wäre mir unangenehm.

Wenn ich zusätzlich zum Stören vielleicht auch noch die ein oder andere Idee beitragen kann, die dann jemand auffängt und weiterspielt, bin ich froh. Wenn es jemand mit

Verständnis und Vergnügen liest, hat das Buch seinen Zweck ebenso erfüllt, um es mal mit Wittgenstein zu sagen. Und falls du aktuell für Philosophie eingeschrieben bist und dir Wittgenstein-Referenzen voll auf die Leiter gehen, dann bedenke, dass du in diesem Moment lesend bist und nicht studierend. So läuft das mit den Partizipien. Und wenn du sonst wirklich nichts Gutes findest, keine Inspiration, keine Hoffnung und nicht mal ein schmales Schmunzeln, dann freu dich doch einfach darüber, dass ich einen Weg zu gehen versuche, um Licht in die Welt zu tragen, ohne eine Taschenlampe zu verwenden.

Alles wird gut.

DIE SCHÖNSTEN UNTERGÄNGE DER WELT

Erwartet euch nicht zu viel vom Weltuntergang.
Stanislav Lec

Der Endgegner des Optimismus ist kein halbleeres Glas, sondern der Weltuntergang. Wobei das andererseits immer auch auf die Welt ankommt. Ich würde nicht sofort Gottfried Wilhelm Leibniz zustimmen, der meinte, wir leben in der besten aller möglichen Welten. Immerhin fallen vermutlich jedem sofort ein paar Verbesserungsvorschläge ein, zum Beispiel sollte es meiner Meinung nach Hamster geben, die Skateboard fahren können. Trotz solcher offensichtlicher Mängel wohnen wir jedoch auf einer Welt, deren Schönheiten nicht zu verleugnen sind. Selbst um einige Errungenschaften der Menschheit wäre es schade, zum Beispiel Zitroneneis, Kekse oder Nächstenliebe. Deshalb wäre es also schon ärgerlich, wenn die Welt plötzlich untergeht. Andererseits: Worin soll die Welt eigentlich untergehen?

Jedem Ende wohnt ein Zauber inne, nicht nur, wenn man Hermann Hesse rückwärts liest. Seit Jahrtausenden geht die Welt demnächst unter, immer und immer wieder wird das Ende aller Dinge angekündigt. Und die Menschheit reagiert stets begeistert, wird regelrecht magnetisch davon angezogen, wenn von der Apokalypse die Rede ist. Und wir sind immer und immer wieder überrascht, wenn sie dann doch ausbleibt. Aber da in Zeiten von Klimakrise, Krieg und Gendersternchen die Frage nach dem Ende aller Dinge aktueller denn je zu sein scheint, lohnt sich ein Blick auf die schönsten Weltuntergangsprophezeiungen der letzten tausend Jahre.

Im Mittelalter dachte man nämlich, dass man zeitlich eben nicht in der Mitte ist, sondern am Ende. Womöglich bedeutet das für uns, dass wir uns in Wahrheit heute ebenfalls im Mittelalter befinden. Natürlich sind wir ein paar Schritte weiter, weil wir heute nicht mehr die Pest durch Auflegen eines gerupften Huhns behandeln, sondern durch Zuckerkügelchen, die wir bei Vollmond zwölfmal geschüttelt haben. Ich meine, wir können ja froh sein, dass es die Gegenwart überhaupt gibt. Erstaunlich genug, denn exakt tausend Jahre vor meiner Geburt hätte es schon vorbei sein sollen mit der Welt. Der Mönch Abbo von Fleury hatte ausgerechnet, dass die von Johannes in seiner Offenbarung (dem letzten Buch der Bibel) erwähnten tausend Jahre, nach denen Satan wieder auf die Welt kommen soll, im Jahr 979 abgelaufen seien. Als jemand, der 1979, also exakt tausend Jahre danach geboren wurde, habe ich gerade sicherheitshalber noch mal meine Stirn abgetastet, aber zum Glück keine Hörner gefunden. Da habe ich vor Freude fröhlich mit den Bockshufen geschart.

Doch als Abbo von Fleurys Weltuntergang ausblieb, gab es kaum eine Ruhepause. Schon kurz darauf, im Jahr 999, hatte selbst der Papst so große Angst, dass er in Rom zum Jahreswechsel eine Predigt hielt, die eine Massenhysterie auslöste. Wie hieß der Papst, der an Silvester den Weltuntergang erwartete? Natürlich war es Sylvester II. Nicht überliefert ist, ob er sich am Neujahrsmorgen über seinen Kater gefreut hat.

Wenn man die Zahl 999 auf den Kopf stellt, erhält man 666. Das weiß ich aber nicht, weil ich Satan bin, ehrlich nicht, ich habe weiterhin keine Hörner. Ich kann einfach gut Handstand. Solche Zahlenspiele mögen albern wirken, aber waren wohl auch der Grund, dass beispielsweise Christopher Kolumbus den Weltuntergang im Jahr 1666 erwartete. Am Ende ist in dem Jahr aber doch nur ein Großteil der Stadt London abgebrannt. Aber gut, Kolumbus konnte ja auch Amerika und Indien nicht auseinanderhalten. Die Zahl 666 als Zahl des Bösen stammt übrigens auch aus der Offenbarung des Johannes, die sich stellenweise liest wie eine Fan-Fiction der Apokalypse.

Weltuntergangsvorstellungen gibt es bis heute, dafür sorgen unter anderem die Zeugen Jehovas. Ihr Gründer Charles Taze Russel und seine Anhänger sagten das Ende zuerst für das Jahr 1874 voraus, dann für 1878, 1881, 1910, 1914, 1918, 1925, 1975, 1984 und 1994. Das wirkt erst mal viel, aber andere haben den Weltuntergang noch viel öfter angekündigt. Die BILD-Zeitung zum Beispiel, in der gefühlt jede zweite Woche ein Killerkomet über das Titelblatt fliegt, dafür aber erstaunlich selten von der Klimakrise berichtet wird. Aber nun gut, vermutlich gilt da: Killerkometen killen Klimakrisen. Bei den Zeugen Jehovas heißt der Weltuntergang nicht Killerkomet, sondern Harmagedon. Diesen Einschlag auf der Erde werden allerdings 144 000 Seelen überleben.

Beides bezieht sich – Überraschung – auf die Johannesoffenbarung. Das mit den 144 000 Seelen fand ich immer schon spannend, zumal die Zeugen Jehovas aktuell allein in Deutschland über 144 000 Mitglieder haben, weltweit sind es 8,7 Millionen. Ziehen die dann Lose, wer am Ende das Ende überlebt? Wir werden es wohl nicht erfahren. Und die meisten Zeugen auch nicht.

Apropos Killerkomet: Erinnerst du dich an den großen Kometeneinschlag von 1973? Ich auch nicht, aber der Anführer der Sekte *Children of God* hatte ihn zumindest vorhergesagt. Als der Komet dann ausblieb, rechnete jener Mann namens Moses David mit einem Weltkrieg für das Jahr 1986 – aus dem die Kommunisten als Sieger hervorgehen würden. Aber nur bis 1993, denn dann würde Jesus zurückkommen und die Kommunisten besiegen. Erstaunlich genug, denn nichts davon steht im Johannes-Evangelium.

»Moses David« ist natürlich ein cooler Name für einen Guru. Definitiv cooler als »Erika Hedwig Bertschinger-Eicke«. Das könnte der Grund gewesen sein, warum sich die Anführerin von »Fiat Lux« im Allgemeinen lieber »Uriella« nannte. Aus heutiger Perspektive auch nicht mehr so cool, der Name. Das liegt daran, dass es inzwischen eine Erfindung namens *Urinella* gibt. Und auch weil die Anhänger von Fiat Lux im August 1998 dann eben doch nicht durch UFOs vor dem Weltuntergang gerettet wurden, wie Uriella versprochen hatte. Uriella hingegen war reich geworden, indem sie Tröpfchen und Öle unter anderem gegen Krebs und Aids verkauft hatte. Na, immerhin keine Zuckerkügelchen.

Wenn man über den Weltuntergang schreibt, darf man das Jahr 1999 nicht vergessen. Nicht zuletzt, weil die Ziffern auf den Kopf gestellt »666I« ergeben. Entsprechend wurde es dann wieder richtig munter: Für den Juli 1999 hatte Nostradamus den Weltuntergang mal wieder vorhergesagt, wie immer mit übersichtlichem Erfolg. Doch für den Jahreswechsel 1999/2000 erwartete man, dass alle Computer der Welt einen Nervenzusammenbruch kriegen würden, weil die Jahreszahl vorne plötzlich eine 20 statt einer 19 hatte. Ironischerweise blieb der Papst diesmal gelassen – vermutlich, weil er nicht Sylvester hieß, sondern Johannes.

Doch auch 2012, ebenfalls von Nostradamus prophezeit, blieb die Offenbarung aus. In einem der eher kühnen Moves der Kinogeschichte hat Roland Emmerich diesen Weltuntergang dann trotzdem verfilmt. Was technisch alles möglich ist, heutzutage. Inzwischen hilft uns die Technik sogar, die Wahrscheinlichkeit möglicher Weltuntergangsszenarien zu berechnen. Was ja gar nicht nötig wäre, denn Isaac Newton hat uns schon vor über 300 Jahren mitgeteilt, dass das Ende im Jahr 2060 kommen wird. Und Isaac Newton ist immerhin der Erfinder der Gravitation, seine Einschätzung hat also Gewicht, glaub ich.

Doch bis 2060 ist es noch lange, wie ich uns kenne, schaffen wir bestimmt vorher noch ein paar Apokalypsen. Die offene Frage ist: Wer sagt uns heute den Untergang voraus? Wird dieser Untergang durch einen Weltkrieg kommen? Wir leben in Zeiten globaler Infektionswellen, einer massiven Inflation und 2022 flog eine rechte Gruppe auf, die einen Staatsstreich geplant hatte. Für mich ist es okay, wenn wir die 1920er nachspielen, auch wenn ich nicht verstehe, warum das passiert. Erst recht nicht, wenn ich mich erinnere, was als Nächstes kam. Aber wenn wir das machen, warum wiederholen wir dann nicht auch die guten Sachen der 1920er? Die rauschenden Feste, die aufregende Kunst, die revolutionären Gedanken, Lyrik und Erfindungen von Einstein, Bohr, Kaléko und Flemming? Wieso kriegen wir stattdessen A.I.-Selfies, kaputte E-Scooter quer auf dem Gehweg und Elon Musk? Wobei, vielleicht bedeutet das, dass unser nächster Weltuntergang auch eher albern wird.

Wer die Geschichte der Menschheit kennt, der wird die Möglichkeit eines baldigen Krieges allerdings immer sehen. Dass Menschen sich über einen längeren Zeitraum friedlich benehmen, ist halt kein typisches Verhalten. Die gute Nachricht ist: Die meisten Menschen haben überhaupt keine Lust auf Krieg. Das ist jetzt auch nicht allzu erstaunlich: Zu gewinnen gibt es bei einem Krieg nämlich nur für sehr wenige Menschen etwas. Es besteht also doch die Chance, dass wir die kriegerischen Gelüste einiger mächtiger Menschen durch gezielte Gegenwehr eindämmen. Oder, im noch besseren Fall, die Macht so verteilen und organisieren, dass sie überhaupt nicht mehr für Krieg und Unterdrückung eingesetzt werden kann. Und erst recht nicht für Weltuntergänge.

Was ist jedoch mit der Klimakrise? Die Entwicklungen sind dramatisch, das wird kaum jemand bestreiten wollen. Doch die Welt wird nicht untergehen. Die Menschheit wird auch nicht aussterben. Das hört man zwar immer wieder, aber das ist ein riesiges Strohmann-Argument. Ganz klassisch wird das an der »Letzten Generation« gezeigt, denen man regelmäßig vorwirft, Panik zu schüren, indem sie sich als »Letzte Generation« bezeichnen. Dabei hätten einige der Aktivisti sogar Kinder, haha. Und genau so funktioniert ein Strohmann: Man wirft der Gegenseite etwas vor, was sie nicht gesagt hat, um es dann zu widerlegen oder lächerlich zu machen. Die »Letzte Generation« hat nie behauptet, dass sie die letzten Menschen dieses Planeten sind. Ihr Name bezieht sich auf einen Ausspruch von Barack Obama, der sagte, dass wir die erste Generation sind, die die Folgen der Klimakrise spürt, und die letzte Generation, die diese Folgen bremsen kann.

Doch gewiss geht die Welt nicht unter, das würde sie nicht mal, wenn die Menschheit aussterben würde. Aber auch das steht uns sicher nicht unmittelbar bevor, solange jemand die roten Knöpfe für die Atomsprengköpfe gut versteckt hält. Ansonsten gilt: Auch wenn die Dinge sich katastrophal entwickeln und uns Verteilungskriege, Massenmigration und der Verlust eines Großteils der nutzbaren Fläche dieses Planeten bevorsteht, werden erst mal Menschen überleben. Aller Voraussicht nach sind das hauptsächlich sehr, sehr reiche Menschen, die sich mithilfe ihrer Ressourcen gegen die meisten Katastrophen wappnen können. Es gibt aktuell einen florierenden Markt für Luxusbunker. Oder für sehr abgelegene Villen und Farmen auf schwer erreichbaren Inseln. Die schlechte Nachricht ist: Ich habe aus dem Proseminar »Formale Logik«, Wintersemester 99/00 an der Albert-Ludwigs-Universität Freiburg ein paar Fetzen Restlogik behalten und kann daher leider ausschließen, dass es möglich sein wird, dass wir einfach alle sehr viel reicher als der Rest der Menschheit werden.

Andererseits ist die Menschheit aber mit Sicherheit sehr viel solidarischer, als die meisten von uns glauben. Und in

Anbetracht der Krisen unserer Zeit ist dieses Potenzial umso wichtiger.

Probleme sind keine »dornigen Chancen«, wie Christian Lindner einst verkündete. Manche Probleme sind schlicht Katastrophen. Aber gerade in Anbetracht dieser neigen Menschen dazu, sich zusammenzutun und gemeinsam für einen Ausweg zu kämpfen. Weil instinktiv fast allen klar ist, dass wir zusammen eine bessere Chance haben, als einzeln darauf zu hoffen, reicher als alle anderen zu werden. Und gemeinsam haben wir easy das Potenzial, den Weltuntergang abzuwenden. Das haben wir schon öfter hingekriegt, das wird uns auch diesmal gelingen.

Vielleicht geht die Welt diesmal nicht unter, sondern sogar auf.

OMNIKRISE UND OPTIMISMUS

Wenn ich gefragt werde, ob ich pessimistisch oder optimistisch in die Zukunft blicke, ist meine Antwort immer die gleiche: Wenn man sich die wissenschaftlichen Erkenntnisse darüber ansieht, was auf der Erde geschieht, und nicht pessimistisch ist, versteht man die Daten nicht. Aber wenn man die Menschen trifft, die daran arbeiten, diese Erde und das Leben der Armen wiederherzustellen, und man ist nicht optimistisch, dann hat man keinen Puls.
Paul Hawken

Dass die Welt nicht untergeht, bedeutet nicht, dass wir nicht knietief in der Krise stecken. Und zwar kopfüber. Wie kann es gelingen, in unserer Zeit überhaupt optimistisch zu bleiben? Woher nimmt man noch Hoffnung? Wie kann man Nachrichten lesen, ohne sofort Kopfschmerzen oder Zukunftsangst zu kriegen? Oder beides?

Manchmal wundere ich mich, dass nicht mehr Menschen auf die Barrikaden gehen. Die meisten Menschen leben in Ruhe ihr Leben, sind still und friedlich und denken, sie fügen damit niemandem Leid zu. Das ist grundsätzlich ein ehrenwerter Ansatz, der zeigt, dass diese Menschen im Grunde gut sein können und es in weiten Teilen auch sind.

Allerdings ist es auch ein Zeichen dafür, dass das Leid, das unser Lebensstil und unsere politischen Entscheidungen verursachen, sich zu leicht ignorieren lässt. Nur deshalb gelingt es konservativen Politiker*innen, uns zu suggerieren, dass jegliche große Veränderung ein Fehler sei und uns unseren Wohlstand oder unseren Lebensstil oder unsere Kultur kosten könne. Hätten wir im Blick, welchen Schaden wir verursachen und wie schlecht es schon jetzt vielen Menschen deswegen geht – ich bin mir absolut sicher: Wir würden nicht so weitermachen können.

Aber folgt daraus nicht, dass wir es einfach nur schaffen müssen, dass möglichst viele oder womöglich alle Menschen die Augen aufmachen und Herz und Hirn gleich mit? Das klingt ja, als würde es reichen, ordentliche Aufklärung zu betreiben und grundlegend gegen Desinformation vorzugehen – und schon werden sich die meisten Menschen dafür entscheiden, das Richtige zu tun. Auf dem Weg dahin gibt es leider sehr, sehr viele Hindernisse. Das fängt schon damit an, dass viele Menschen überzeugt sind, der Mensch sei im Grunde nur auf sein egoistisches Wohl bedacht. Man muss allerdings die Augen gar nicht allzu weit öffnen, um zu sehen, dass diese Annahme nicht nur in funktionierenden Familien, Beziehungen und Freundeskreisen falsch ist, sondern dass sich allein in Deutschland Millionen Menschen ehrenamtlich engagieren. Das liegt schlicht daran, dass diese Leute gemerkt haben, dass dieses soziale Verhalten nicht nur den Menschen um uns herum guttut, sondern auch uns selbst. Einfach bei Gelegenheit mal ausprobieren. Falls es nicht funktioniert, hat man halt nur die anderen glücklich gemacht – es gibt deutlich Schlimmeres.

Ein weiteres Hindernis ist die Komplexität der Lage. Ich habe dafür das schöne Wort »Omnikrise« gelernt – es gibt um uns herum so viele Krisen, dass uns unsere Situation auf fast allen Ebenen gleichzeitig problematisch erscheint. Und diese Krisen hängen auch noch zusammen, die frechen Dinger. Um nur mal ein Beispiel zu nennen: Marktökonomisches Denken und kapitalistische Verwertungslogik führen zum Versuch, aus den endlichen Ressourcen dieses Planeten unendliches Wachstum zu generieren. Dabei werden in hierarchischen, zumeist patriarchalen Strukturen insbesondere Frauen bzw. FLINTA-Personen, rassifizierte Menschen und andere marginalisierte Gruppen gezielt unterdrückt und ausgenutzt. Hierzu gehören auch die vermeintlich gesellschaftlich bestimmten Normen und Regeln, wie man sein Leben zu führen hat, vom Konsumverhalten bis in privateste Details. Das alles verfestigt den Status quo und begünstigt dadurch die Ausweitung der Klimakrise, die wiederum unter anderem durch vermehrte Dürren und Extremwetterereignisse manche Regionen landwirtschaftlich unbrauchbar macht. Das löst Migrationsbewegungen aus, denn wenig überraschend interessieren sich Menschen dafür, zu überleben – und das gilt ohne Nahrung als schwierig. In vielen westlichen Ländern versuchen sich rechte und rechtsextreme Parteien wiederum die Sorge der Menschen um diese Veränderungen zunutze zu machen, um Ängste zu schüren, Unsicherheiten zu forcieren und Frust oder gar Hass auf Migrant*innen zu lenken. All das lässt sich nicht mal eben lösen, indem man seinen Müll sortiert oder statt einem Steak einen halben Maiskolben isst. Leider. Wie es scheint, müssen wir an viele Baustellen parallel ran, idealerweise vernetzt.

Aber wie sollen wir 100 Krisen gleichzeitig angehen – wir sind doch nur acht Milliarden Menschen? Die noch größere Frage ist jenseits aller Ironie: Wo setzen wir die Hebel an, damit wir nicht nur an den Symptomen kaschierende Kosmetik betreiben und grüne Sticker auf alle Produkte kleben, ohne etwas am System zu ändern?

Es wäre schön, wenn es eine einfache Lösung geben könnte – das ist auch der Grund, warum insbesondere inmitten von Krisen der Populismus bei vielen Menschen verfängt. Leider ist es unmöglich, dass wir ein Problem aus einem derart verflochtenen System aus seinem Kontext lösen und mit den passenden Mitteln angehen könnten. Neulich las ich von einer Idee in den USA, die davon ausgeht, dass man die Auswirkungen der Klimakrise eindämmen könnte, indem man die Sonne verdunkelt. Mensch, Mensch, dachte ich, Hauptsache, ihr findet dann im Dunkeln noch den Weg zu euerm SUV, um mit einem Burger in der Hand eine Rundreise ums nächste Kohlekraftwerk zu machen. Noch origineller fand ich den Optimismus der Bundesregierung, die festgestellt hat, dass Verkehrsminister Volker Wissing die vom Klimaschutzgesetz vorgeschriebenen Sektorenziele nicht einhalten können würde – und dann beschloss, eben jene Sektorenziele aufzuweichen. Zack, Problem weg. Oder zumindest verdunkelt.

Ich fürchte, die Lage ist in Wirklichkeit etwas schwieriger. Und da hilft uns am Ende auch kein Optimismus der Bauart Christian Lindners. Nein, nicht alle Probleme sind dornige Chancen. Wenn dir jemand mit dem Lkw übers Bein fährt, ist das keine dornige Chance, sondern ein 40 Tonnen schweres Problem und mehr erst mal nicht. Mir ist der Optimismus des neoliberalen Kapitalismus suspekt. Seine Verfechter gehen von der Annahme aus, dass man Konzerne einfach machen lassen sollte, was sie wollen. Dann würde das Allgemeinwohl von allein wachsen. Und wenn man reichen Bossen mehr und mehr Geld gibt, dann würde das über einen »Trickle-Down-Effekt« überall in der Gesellschaft verteilt. Weil das immer so funktioniert, wenn man einzelnen Menschen viel Macht über andere gibt, dass diese sich dann automatisch darum kümmern, dass es allen gut geht. Ansonsten kommt im Zweifel die unsichtbare Hand des Marktes und regelt nach. Nun, in Anbetracht von allem, was diese unsichtbare Hand so angerichtet hat, kann ich zumindest gut verstehen, dass sie nicht gesehen werden möchte.

Schon eher mag ich die heiter knappe Erklärung für ein stressfreies Leben, die der indische Mönch Gaur Gopal gibt. »Why worry?«, fragt er. »Warum sich sorgen?« Wenn man kein Problem hat, braucht man keine Sorgen. Wenn man eines hat, aber nichts daran ändern kann, dann braucht man sich keine Sorgen zu machen, sondern muss es halt hinnehmen.

Wenn man jedoch etwas ändern kann an dem Problem, dann kann man das eben auch machen – und muss sich wiederum keine Sorgen machen, so Gaur Gopal. Das ist stark vereinfacht, aber angenehm klar. Leider fehlt eine solche Klarheit oft genug. Wir haben als Menschen auch nur begrenzte Kapazitäten, Dinge zu begreifen. Ist ein Problem zu komplex, dann kommen wir irgendwann nicht mehr mit. Und hinzu kommen kognitive Verzerrungen. Die haben eigentlich einen guten Ursprung, denn im Kern sind es

Heuristiken, quasi Abkürzungen für den Verstand. Wir erkennen Muster wieder, ziehen Parallelen zu bekannten Situationen und handeln dann so, wie wir es für diese Situation gelernt haben. Praktisch, denn wir müssen nicht mehr groß nachdenken. Und unser Gehirn liebt es anscheinend, nicht nachdenken zu müssen. Oft genug allerdings passen diese Muster nicht oder sitzen windschief, verzerrt auf der Realität. Und dann haben wir schnell mal unrealistische Erwartungen und treffen unzureichende Einschätzungen.

Zu den kognitiven Verzerrungen gehört zum Beispiel die Verfügbarkeitsheuristik. Damit kann man nicht nur Scrabble-Millionär werden, sondern eine große Quelle von Fehleinschätzungen verstehen. Menschen neigen dazu, ihre Einschätzungen auf Informationen zu gründen, die sie bereits haben. Klingt beinah banal, oder? Doch es bedeutet, dass wir anfällig dafür sind, eher das zu glauben, was wir oft wahrnehmen. Wenn du in den Nachrichten viel über Gewalt hörst, wirst du leicht glauben, in einer sehr gewalttätigen Welt zu leben. Wenn Aktivisti hundertmal »Klimaterroristen« genannt werden, dann fällt uns diese Verknüpfung von alleine ein, wenn das Thema erwähnt wird – auch wenn die Aktivisti unserer Definition von »Terror« überhaupt nicht entsprechen. Noch viel gravierender ist aber der Umstand, dass es uns schwerfällt, eine Vorstellung der (fernen) Zukunft als Grundlage für unser heutiges Handeln zu nehmen.

Wir sehen noch keine größere Küstenstadt untergehen, wir sehen noch nicht Millionen Menschen vor Dürren und Missernten fliehen, wir sehen noch nicht Millionen Menschen in einer lang gezogenen Hitzewelle sterben. Dabei könnte all dies nach aktuellen Prognosen bereits in naher

Zukunft passieren. Wir sehen aber andererseits auch nicht, wie schön das Leben in einer autofreien Innenstadt sein könnte. Wir sehen nicht, wie reibungslos das Miteinander funktionieren kann, wenn soziale Gerechtigkeit herrscht und niemand mehr arm sein muss. Wir haben kein konkretes Bild davon, wie ein harmonisches Zusammenleben zwischen Menschen und Tieren und Umwelt auf diesem Planeten aussehen wird.

Wir haben unsere aktuelle Situation vor Augen und manchmal auch noch ein wenig die Vergangenheit – und darauf bauen wir unsere Einschätzungen. Das macht es denjenigen leichter, die sagen: »Es ist doch alles halb so wild, lasst doch die Hysterie. Und die Schwärmerei bitte auch.«

Dazu kommt, dass wir die Folgen unseres Handelns schon allein aufgrund der Komplexität der Zusammenhänge nicht durchschauen können. Das kann aber auch im positiven Sinne gelten. Als im Jahr 1995 Naturschützer mit der Wiederansiedlung von Wölfen im Yosemite Nationalpark in den USA begannen, waren sie selbst überrascht, was dadurch passierte. Es hatte 70 Jahre keine Wölfe in dem Gebiet mehr gegeben. Nun setzte man dort 14 Tiere aus. Die Wölfe machten natürlich Jagd auf Rotwild, das es damals im Übermaß gab. Die Rehe und Hirsche wurden nicht nur weniger, sondern mieden dann Teile des Parks, insbesondere offene Flächen, wo sie leichte Beute waren. In diesen Bereichen wuchsen deswegen mehr Pflanzen, die vorher als Nahrung des Rotwilds gedient hatten. Das zog Insekten an – und über kleine Nagetiere und Vögel eröffnete sich eine ganze Nahrungskette. Doch der eigentlich krasse Effekt kommt erst noch: Durch mehr Pflanzen und neue Bäume wurde die Erosion des Bodens verringert, was den Lauf des Yellowstone River teilweise änderte und stabilisierte. Ja, richtig gelesen: Die Wiederansiedlung von lediglich 14 Wölfen hat den Lauf eines Flusses geändert. Wild, oder? Für mich ist das ein Beispiel dafür, dass es unter Umständen weitaus einfacher ist, als wir zunächst denken, positive Veränderungen auch in großem Maßstab zu bewirken. Jede kleine Handlung zählt umso mehr. Jeder Moment, jeder Mensch, kann der Kipppunkt sein. Und damit meine ich jetzt nicht, dass du beim nächsten Vollmond losziehen sollst, um im Wald Rehe zu reißen. Es gibt auch andere Wege, die Flüsse zu retten.

Aber der Gedanke, dass eben auch kleine Veränderungen positive Folgen haben können, die wir vielleicht gar nicht in der Lage zu erfassen sind, motiviert dazu, auch auf Kleinigkeiten zu achten. Frei nach Immanuel Kant: Handle nur nach derjenigen Maxime, von der du wollen kannst, dass sie durch den Schmetterlingseffekt aus Versehen die Welt retten wird. So oder so: Wir müssen uns ein Mindestmaß an Optimismus bewahren, ohne zu sehr in eine naive Form des Optimismus zu geraten oder diesen gar zu benutzen, um unsere Wirklichkeit zu verzerren. Die Dinge sind nämlich tatsächlich nicht gut. Aber sie können besser werden. Und sie werden bereits jetzt besser, nicht nur im Yosemite Nationalpark, sondern an vielen Stellen. Das bedeutet wiederum nicht, dass wir uns zurücklehnen sollten. Im Gegenteil. Damit wir die Kurve kriegen, braucht es uns alle.

Das klingt nach einer ganzen Reihe von Widersprüchen. Doch es wäre ein allzu billiger rhetorischer Taschenspielertrick, hieraus zu folgern, dass ich falsch liege. Im Alltag vereinen wir dauernd scheinbare Widersprüche: Ein Dackel ist gleichzeitig klein für einen Elch und groß für eine Ameise. Und so sind wir auch gleichzeitig optimistisch und nicht optimistisch – es ist eine Frage der Perspektive. Wir sollten üben, diese gelegentlich zu wechseln. Das bedeutet nicht, dass du dich zeitnah unter einen Dackel legen sollst, um zu sehen, wie groß der dann wirkt. Außer du willst unbedingt – dann gönn es dir.

Apropos am Boden sein: Wenn die Umstände mir mal besonders schlimm vorkommen, dann denke ich gerne daran, wie unsere Vorfahren über Jahrtausende hinweg weitaus schlimmere Umstände ertragen haben, stets bemüht, eine sichere und gute Zukunft für sich und ihre Nachfahren zu ermöglichen. Sie haben gewiss nicht alles richtig gemacht, aber uns den Weg bereitet, damit wir heute unsere Chance haben. Beispielsweise, um auf dem Sofa zu hängen und »Bauer sucht Frau« zu gucken. Oder uns alternativ bemühen, einen Weg zu finden, damit alles gut wird. Dabei hilft, dass wir in jedem Dunkel Funken fliegen sehen. Auch, wenn sie manchmal nur klein sind, steckt darin oft unser ganzes Potenzial.

Kennst du die Geschichte von Jesse Owens und Luz Long? Jesse Owens hatte bei der Olympiade in Berlin am 4. August 1936 Gold im Weitsprung gewonnen – zum Entsetzen von Adolf Hitler und seinen Schergen, denn der US-Amerikaner Owens war schwarz.

Doch der zweitplatzierte deutsche Athlet Carl Ludwig »Luz« Long gratulierte ihm nicht nur, sondern umarmte Owens sogar. Das Bild ging um die Welt. Es folgte ein wütender Anruf von Rudolf Heß, dem Stellvertreter Hitlers, der Long aufforderte, nie wieder einen Schwarzen zu umarmen. Luz Long und Jesse Owens blieben Freunde und schrieben sich noch Jahre nach der Olympiade Briefe, auch, als Luz als Soldat in den Zweiten Weltkrieg zog. Aus den Wirren des Krieges schrieb er 1943 an Owens einen Brief, von dem er ahnte, dass es sein letzter sein würde. Darin bat er Owens, nach dem Krieg nach Deutschland zu gehen und seinem Sohn Kai-Heinrich von ihm zu erzählen. 1941 geboren, hatte er seinen Vater nie wirklich kennengelernt. Also machte sich Owens 1951 auf den Weg nach Deutschland, fand den nun zehnjährigen Sohn seines Freundes und erzählte ihm seine Geschichte. Die beiden wurden gute Freunde. Jesse Owens war der Trauzeuge bei Kai-Heinrichs Hochzeit und die Freundschaft zwischen den Familien dauerte an: Bei den Weltmeisterschaften 2009 in Berlin überreichte Jesses Enkelin Marlene Dortch gemeinsam mit Luz Longs Sohn Kai-Heinrich den Preis für den Gewinner des Weitsprung-Wettbewerbs.

Ein Moment, eine menschliche Regung, eine spontane Umarmung entgegen allen Verboten und Anweisungen hatte so viel ausgelöst. Hass und Hetze waren chancenlos dagegen. Die Geschichte dieser Freundschaft findet sich weltweit in den Medien und taucht sogar hier im Buch auf. Das ist der weitspringende Punkt, den ich meine.

Wir können die Auswirkungen unserer Handlungen nur in sehr begrenztem Maß einschätzen, wenn überhaupt. Alles, was wir machen und sagen, kann Menschen beeinflussen, die wiederum andere beeinflussen, und mitten unter uns kann aus der geringsten Quelle ein Fluss entspringen, der tausend Kilometer weiter eine Wüste urbar macht.

Ist es wahrscheinlich, dass das passiert? Nein, nicht wirklich. Aber es kann passieren – und es wird wahrscheinlich, wenn es nicht einer, sondern Millionen Menschen sind, die viele kleine gute Dinge tun. Folgt dabei nicht den ausgetretenen Pfaden, denn Veränderung passiert oft an ganz unerwarteten Stellen und auf kreativen Wegen. In Kopenhagen war es die Eröffnung eines kleinen Freibads, die am Ende die ganze Stadt verändern sollte. 2002 wurde im Hafen von Kopenhagen ein Freibad eröffnet. Früher war daran nicht zu denken. Aber inzwischen war das Wasser im Hafenbecken so sauber geworden, dass man darin schwimmen konnte. Die Bewohner*innen der Stadt haben dadurch direkt am eigenen Leib erfahren, dass eine saubere Umwelt auch eine lebenswerte Umgebung bedeutet. Alle waren begeistert und sahen Umweltschutz von da an nicht mehr als lästige Pflicht, sondern als große Chance für eine schönere Stadt. Seitdem versucht man, bei der Gestaltung der Stadt genau darauf Rücksicht zu nehmen: Die Menschen sollen nicht nur abstrakt über positive Effekte des Klimaschutzes Bescheid wissen, sondern direkt spüren, dass das gut ist. Der Architekt Bjarke Ingels nennt diesen Ansatz »hedonistische Nachhaltigkeit«. Das wird nicht überall funktionieren, das ist mir klar. Manche Städte haben nicht mal einen Hafen. Aber Ansatzpunkte gibt es sicherlich trotzdem immer und überall, um die Welt ein klitzekleines Stück in eine gute Richtung zu bewegen. Da bin ich optimistisch.

Wichtig ist also, dass wir einerseits erkennen, in welcher Lage wir uns befinden. Ganz realistisch, ohne Schönrednerei, aber auch ohne Panikmache. Andererseits dürfen wir nicht aus dem Blick verlieren, dass Veränderung immer möglich ist und dass das durchaus eine Verbesserung bedeuten kann. Und zwar ganz konkret, für uns; ab sofort und hier. Aber eben auch für eine vielleicht noch utopisch wirkende Zukunft. »Ein Mangel an wünschenswerten und gleichzeitig möglich erscheinenden Zukünften könnte Teil des Unwohlseins sein, das überall auf der Welt zu finden ist«, schreibt dazu Sir Geoffrey John Mulgan, Professor für Kollektive Intelligenz und Soziale Innovationen an der UCL London.[1]

Es lohnt sich allemal, über die Zukunft und die Zukünfte nachzudenken – und sei es nur für das eigene Seelenheil. Wenn man entlang des Weges aus Versehen Hoffnung in die Welt trägt oder gar eine Verbesserung – dann nehmen wir diesen Nebeneffekt natürlich auch in Kauf.

Zeiten großer Umbrüche und Veränderungen treten als Krisen in Erscheinung. Das liegt in der Natur der Sache und trifft auf persönlicher Ebene ebenso zu wie in gesellschaftlicher oder gar globaler Dimension. Um es mal so allgemein zu fassen, wie es eine Omnikrise verlangt: Wenn ein altes System immer deutlicher an seine Grenzen stößt und darin scheitert, die beste oder auch nur eine gute Lösung zu liefern, dann äußert sich das in umfangreichen Problemen und einem allseits präsenten Gefühl der Unsicherheit. Das gehört auch dazu, wenn es jenseits davon Ideen, Antworten und neue Wege gibt, auf denen wir in eine bessere Zukunft kommen. Dann gilt es, auf Ana Brune zu hören, die im Film *Astrid* so treffend singt: »Springa, våga springa. Genom mörkret in i ljuset« – »Renne, trau dich zu rennen, durch das Dunkel ins Licht.« Geben wir uns nicht Angst und Frust hin, fallen wir nicht auf Untergangspropheten oder gar Hetzer herein. Alles kann besser werden und wir können einen Teil dazu beitragen, ob klein oder groß oder mittel. Den Versuch ist es allemal wert. Egal wie die Chancen stehen – den Blick auf ein Ziel zu richten, sich eine Utopie zu bewahren, den Fokus auf das Licht zu richten, ist eine Möglichkeit, die nicht nur die Chance darauf bewahrt, dass in Zukunft alles gut werden kann. Bereits im *Jetzt* ändert sich die Perspektive, denn die gefühlte Ohnmacht lässt nach, sobald wir im Kleinen aktiv werden und gemeinsam der Omnikrise begegnen. Dann kann am Ende die Summe unseres Handelns zur Omnilösung werden.

KLIMA

Da vieles fiel, fing Zuversicht mich an,
die Zukunft gebe, dass ich darf, ich kann!
Rainer-Maria Rilke

Die Klimakrise ist kein klassisches Small-Talk-Thema für ein heiteres Kaffeekränzchen. Weltweit häufen sich Extremwetter-Ereignisse wie Stürme, Dürren und Starkregen und ihre direkten und indirekten Folgen wie Überflutungen, Waldbrände, Trinkwassermangel, Missernten und vieles mehr. Selbst wer in Zweifel zieht, dass die Klimakrise menschengemacht ist, kann ihre Auswirkungen kaum bestreiten, denn sie sind messbar und sichtbar. Die AfD hatte 2021 ein Plakat, auf dem stand: »Darf man noch nach Kreta, Greta?« Das war offenkundig als Seitenhieb gegen Greta Thunberg gedacht, der man unterstellte, unbescholtenen Bürger*innen durch eine »Klimahysterie« den Urlaub madig machen zu wollen. »Schluss mit Panikmache« stand unten auf dem Plakat. Zwei Jahre später, im Sommer 2023, waren mehrere griechische Inseln so massiv von Waldbränden betroffen, dass ganze Regionen evakuiert werden mussten und Tourist*innen schnellstens ausgeflogen wurden. Man kennt das ja: Als Gisela aus Gummersbach eines Nachmittags am Hotelpool aus seligen Träumen erwachte, fand sie sich in einen Klimaflüchtling verwandelt. Ihr Mann Jürgen lag auf dem Liegestuhl neben ihr, seine linke Sandale stand lichterloh in Flammen, aber er weigerte sich, diese zu löschen. Bei der Klimahysterie mache er nicht mit, rief er und genoss stattdessen seinen warmen Fuß.

Dass wir seit Beginn des industriellen Zeitalters massiv CO_2 ausstoßen, dürften höchstens AfD-Wahlplakate bestreiten. Und dass Massentierhaltung zu einem krassen Anstieg von Methan in der Atmosphäre geführt hat, ist ebenfalls leicht zu belegen. Die Versuche von Klimaschutzgruppen, Kühen das Rülpsen auszureden, zeigten nur mäßigen Erfolg. Wir können die Effekte von CO_2 und Methan in der Atmosphäre sehr genau nachvollziehen und anhand ihrer Art und ihres Ausmaßes beweisen, dass die Klimakrise menschengemacht ist. Denn das Klima hat sich zwar schon immer verändert, aber noch nie in dieser Form und Geschwindigkeit. So hat die Dürre in Deutschland im Sommer 2022 dazu geführt, dass an einem Tag im August der Pegelstand des Rheins in Höhe Emmerich auf vier Zentimeter gefallen ist. Ich weiß noch, wie ich dachte: Wenn da jetzt bald keine Öltanker mehr durchfahren können, dann unternimmt selbst die Klimakrise mehr gegen die Klimakrise als die FDP. Im Juni 2023 schmolz durch die anhaltende Wärme ein Teil des Permafrostbodens am Fluchthorn in Österreich. Das führte dazu, dass ein riesiger Teil der Bergspitze abbrach und ins Tal rutschte. Aber wir müssen uns deswegen natürlich keine Sorgen um die Auswirkungen der Klimakrise machen – im Gegensatz zu Flüssen und Gebirgen ist die Menschheit ja absolut stabil unterwegs. Granit ist Zuckerwatte dagegen.

Dass bei alledem die Klimakrise im globalen Süden die schlimmsten Auswirkungen hat, ist eine bittere Ungerechtigkeit. Die vermeintliche Distanz macht es einigen Menschen hier leichter, die tatsächlichen Folgen auszublenden. 2023 gab es unter anderem einen Zyklon nie gesehenen Ausmaßes, der Malawi, Mozambique und Madagaskar verwüstete. Extreme Hitzewellen nehmen etwa in Indien und Pakistan an Häufigkeit und Intensität zu. Besonders bedrohlich ist dabei in vielen Regionen die sogenannte Feuchtkugeltemperatur, eine Kombination aus Hitze und Luftfeuchtigkeit. Bei sehr hoher Luftfeuchtigkeit kann schon eine Temperatur knapp über der Körpertemperatur zu schweren gesundheitlichen Schäden oder sogar zum Tod führen. In der indischen Metropolregion Delhi kratzt man inzwischen jährlich an dieser kritischen Grenze – und laut einer Studie aus dem Jahr 2016 könnte das Problem schon bald sehr viel größer und gefährlicher werden und ganze Regionen in Südostasien unbewohnbar machen. In Äthiopien, Dschibuti, Kenia, Somalia, Südsudan, Sudan und Uganda hingegen herrschte 2023 eine so krasse Dürre, dass sich die Zahl der Hunger leidenden Menschen, die über Jahrzehnte langsam gesunken war, nun wieder verdoppelt hat. Dominique Ferretti vom UN-Welternährungsprogramm weist darauf hin, dass in der Region 5,1 Millionen Kinder akut unterernährt sind.[2]

Es geht mir hier nicht darum, auf den fatalen Mythos einzuzahlen, der die Länder des globalen Südens stets als hilfsbedürftig darstellt und die westliche Welt als strahlende Retterin stilisiert. Das ist eine neokolonialistische Denkweise und in Anbetracht der realen Situation regelrecht absurd: In Ecuador hat man beispielsweise 2023 den Abbau fossiler Energieträger per Volksabstimmung gestoppt, in Kenia stammen 92 Prozent des Stroms aus erneuerbarer Energie und Indien will bis 2030 durch Aufforstung 2,5 bis 3 Milliarden CO_2-Äquivalente binden. Unsere westliche Kultur ist es hingegen, die einen Großteil der Probleme verursacht. Wir sind es, die am meisten lernen müssen, besser mit Ressourcen umzugehen und nachhaltig zu leben. Sonst machen wir alles für alle kaputt. Auch wenn wir als Bewohner*innen sehr reicher Länder bessere Chancen haben, Krisen zu überstehen, muss uns das beunruhigen. Aus dieser Unruhe heraus sollten wir uns auf den Weg machen, Auswege und Lösungen zu finden. Denn diese gibt es.

Dazu muss man allerdings das Problem erst mal erkennen und anerkennen. Im Jahr 1995 hatte sich eine große Gruppe von Klimaforscher*innen an die Bundesregierung gewandt und vor den Folgen der Klimakrise gewarnt. Sie forderten, jedes Jahr mindestens ein Prozent weniger CO_2 auszustoßen. Sonst könnte es bereits in 25 Jahren zu spät sein, diese Entwicklung zu stoppen. Der Brief wurde der damaligen Umweltministerin Angela Merkel übergeben. Danach hat man nie wieder etwas davon gehört. Ich frage mich, was aus Frau Merkel geworden ist. Vielleicht könnten wir in Zukunft ein bisschen tricksen und behaupten, dass die Klimakrise Gendersternchen benutzt, dann würden sie wirklich alle Parteien in Deutschland als Bedrohung wahrnehmen und sofort Maßnahmen einleiten. Immerhin eine bessere Idee als die Asiatischen Winterspiele 2029 an Saudi-Arabien zu übergeben. Mitten in der Klimakrise die Winterspiele auf die Arabische Halbinsel zu verlegen, das ist, als würde man 2023 beschließen, dem Chef eines gigantischen Ölkonzerns den Vorsitz der UN-Klimakonferenz zu übertragen. Wenn Sie das für einen schelmischen Spott halten, dann haben ein gewisser Sultan Al Jaber und ich leider schlechte Nachrichten für Sie.

Apropos: Wir wissen inzwischen, dass die Klimakrise und ihre Folgen insbesondere den Ölkonzernen seit vielen Jahrzehnten bekannt sind. Bereits Anfang der 1970er-Jahre gab es erschreckend zutreffende Prognosen über die Entwicklung der Erderwärmung. Doch unternommen wurde sehr, sehr lange nichts. Im Gegenteil: Die fossile Lobby hat viel Aufwand betrieben, um von diesen Ergebnissen abzulenken. Massiven Widerstand gab und gibt es dennoch, denn trotz der gefühlten Ohnmacht gegenüber Regierungen und globalen Konzernen lassen sich Menschen nicht so einfach die Heimat zerstören oder ihren Kindern die Zukunft rauben.

So gab es bereits Anfang der 1990er im Ogoni-Gebiet in Nigeria massiven Widerstand gegen die Ausbeutung und Verschmutzung der Region durch den Ölkonzern Shell. Aufgrund der unerwartet heftigen Proteste stellte Shell die Arbeiten zunächst tatsächlich ein. Doch dann ließ der damalige nigerianische Diktator Sani Abacha das Militär im Ogoni-Gebiet einmarschieren, um sicherzustellen, dass Shell die Arbeit fortsetzen konnte. Dagegen protestierten vor allem neun Menschen um den Autor Ken Saro-Wiwa. Als Reaktion darauf wurden Saro-Wiwa und seine Mitstreiter verhaftet und nach einem Schauprozess hingerichtet. Ein dramatisches und krasses Beispiel für den Umgang mit Umweltschutz, für den es bis heute weder Gerechtigkeit noch eine Entschuldigung gibt. Und es ist nicht der einzige Fall, in dem Regierungen massiv gegen die eigene Bevölkerung vorgehen, wenn diese sich dagegen wehrt, dass (ausländische) Großkonzerne ihre Heimat und die Umwelt zerstören. Die *Ogoni 9* sind unvergessene Helden im Kampf für diesen Planeten. Direkt am Eingang von Lützerath hing für sie eine große Gedenktafel. Bleibt nur die Frage, warum so viele Kinobesucher*innen jubeln, wenn Menschen (oder gar die Na'vi in *Avatar*) Widerstand gegen die Ausbeutung und Zerstörung des Planeten leisten, aber in der Realität schweigen. Schauspieler*innen, die Widerstandskämpfer *spielen*, werden reich und mit Preisen behangen. Menschen, die Widerstandskämpfer*innen *sind*, landen im Gefängnis oder Schlimmeres. Irgendwas läuft da in der Fantasie besser als in der Realität.

Ein Wort noch zur Letzten Generation. Ich bin kein Fan davon, dass Glasscheiben vor Kunstwerken mit Tomatensoße bespritzt werden. Aber die Aktivisti hätten den van Gogh aus dem Rahmen nehmen, eine halbe Stunde bei 180 Grad frittieren und anschließend mit Käse überbacken können, und trotzdem bliebe die Vernichtung der Lebensgrundlagen zukünftiger Generationen durch fossile Großkonzerne das größere Verbrechen. Wer dann mit dem Finger auf die Letzte Generation zeigt, weil einige ihrer Aktivisti dabei gesehen wurden, wie sie in den Urlaub geflogen sind, der begeht einen doppelten Fehler: Erstens können individuelle Konsumentscheidungen nur einen Bruchteil unserer Probleme lösen. Wenn wir etwas ändern wollen, dann muss das auf systematischer Ebene passieren. Der CO_2-Fußabdruck ist bekanntermaßen vom fossilen Konzern BP weltweit bekannt gemacht worden, um eine Verschiebung der Verantwortlichkeit hin zum Endverbraucher und weg von den Konzernen zu bewirken. Zweitens sind wir alle nur Menschen, Fehler und Widersprüche gehören zu unserem Betriebssystem. Wir können versuchen, uns und unsere Umwelt zu verbessern, es ist aber kontraproduktiv, immerzu Perfektion von uns oder unseren Mitmenschen zu erwarten. Das gilt auch für Aktivisti. Selbst diese treffen mal Entscheidungen, die nicht optimal sind. Aber im Gegensatz zu quasi allen ihren Kritiker*innen versuchen sie wenigstens, etwas zu ändern. Ich glaube manchmal, Aktivisti könnten sich von Fallobst und Rinde ernähren, überall nur noch zu Fuß hingehen, sich in Laub und Moos statt Fast Fashion hüllen und Urlaub im Keller machen. Trotzdem würde ihnen vorgeworfen, inkonsequent zu sein, weil sie ja durch ihre Atmung CO_2 erzeugen. Also, allen anderen außer mir. Ich habe mir jetzt mit langen Gummibändern einen Bonsaibaum vor mein Gesicht gehängt, der jedes CO_2 beim Ausatmen sofort in lupenreinen Sauerstoff verwandelt.

Und das ist weniger absurd, als der Zynismus von Richter Christoph Weyreuther, vor dessen Gericht im Februar 2023 die Letzte-Generation-Aktivistin Carla Hinrichs stand. Carla gab an, dass das Ziel all ihrer Aktionen sei, das Leben auf der Erde zu schützen. Der Richter entgegnete daraufhin, dass der Mensch »ohnehin ausstirbt«. Um das zu verhindern, sei er »zu dumm«. Anscheinend war das eine normale und akzeptable Antwort, denn obwohl über den

Prozess berichtet wurde, blieb der große Aufschrei aus. Dabei glaube ich nicht mal, dass die meisten Menschen hoffnungslos und zynisch sind. Doch unsere Baseline hat sich verschoben. Wir haben uns zu sehr daran gewöhnt, solche Aussagen zu hören. Wir nehmen sie hin, obwohl sie uns im Innersten widerstreben.

Wir brauchen nicht darüber zu streiten, ob Aktionen wie die der Letzten Generation oder der Aktivisti in Lützerath gegen bestehende Gesetze verstoßen haben. Das ist teilweise der Fall und es ist innerhalb der Logik eines Rechtsstaats absolut angemessen, dass diese Verstöße auch geahndet werden. Wo aber ist diese Logik, wenn sich einzelne Ministerien der Regierung nicht an die Klimaziele halten, zu denen sie sich selbst verpflichtet haben? Diese Sektorenziele des Klimaschutzgesetzes etwa sind keine hübsche Option, sondern gesetzlich verankert und vom Bundesverfassungsgericht bestätigt. Sich nicht daran zu halten, sendet ein fatales Signal: Politikverdrossenheit ist ein langes Wort, aber kein schönes.

Manchmal lohnen sich Proteste um eine Ecke: Das Dorf Lützerath im rheinischen Braunkohlerevier wurde am Ende doch abgerissen, dennoch waren die Proteste dagegen nicht ohne Erfolg. Im Frühsommer 2023 verkündete der fossile Konzern RWE, dass sie aus dem geplanten Projekt eines LNG-Terminals auf Rügen aussteigen. Als einen der Gründe nannten sie, dass man weitere schlechte Presse wie rund um die Lützerath-Proteste vermeiden wolle. Stellen wir uns mal vor, damals wären nicht »nur« 35 000, sondern 350 000 Menschen auf die Straße gegangen. Oder, wie bei manchen *global strikes* von *Fridays For Future,* mehr als eine Million. Wenn das regelmäßig passiert, würden selbst Konzerne wie RWE, *En*BW oder *Shell* zum Einlenken gezwungen. Es braucht nicht viel. Es braucht nur viele.

Im Grenzgebiet zwischen Brasilien und Bolivien gibt es einen Fluss, der offiziell Rio Laje heißt, aber von der indigenen Bevölkerung Komi Memem genannt wird. Um ihre Lebensader vor der Bedrohung durch Abholzung, Umleitungen und Ausbau von Weideflächen zu schützen, hat die Gemeinde Guajará-Mirim den Fluss rechtlich als Lebewesen anerkannt. Auf diese Weise soll er vor Ausbeutung und Zerstörung geschützt werden. So bedauerlich es ist, dass dieser Schritt notwendig ist – das Vorgehen ist nicht nur kreativ, sondern es steckt ein schöner Gedanke dahinter: Ökosysteme bestehen nie nur aus den miteinander vernetzten Organismen selbst, sondern umfassen auch deren Umgebung, die gesamten Biotope. In diesem Sinne ist es einleuchtend, Flüsse, Wälder, Wiesen oder auch ganze Meere als Lebewesen zu betrachten. Das mag klingen, als würde ich in meiner Freizeit aus den Federn meiner Fantasie Traumfänger basteln. Doch man müsste noch ein weit größerer Narr sein, um zu bestreiten, dass auch wir diese Welt zum Leben brauchen. Wir brauchen Wasser. Wir brauchen Luft. Wir brauchen Erde. Wir brauchen Pflanzen. Und selbst Bienchen und Blümchen brauchen wir nicht nur, um unseren Kindern zu erklären, dass sie nicht vom Storch abstammen. Wir mögen vergessen haben, dass wir Teil eines Ganzen sind und das Ganze Teil von uns. Wir mögen Witze darüber machen, dass solche Aussagen sich in Katzenkalendern wiederfinden. Aber dass sie stimmen, spüren wir spätestens, wenn unser Wasser knapp und die Luft dünn wird und es nichts mehr zu essen gibt außer Ölgemälden in Tomatensoße. Halte einmal testweise die Luft an. Schon wenige Sekunden später wirst du merken, wie sehr du von der Welt abhängig bist. Und dann hoffentlich auch, warum es sehr viel Sinn ergibt, diese zu schützen. Meinetwegen darfst du dabei auch Witze über meinen Katzenkalender machen.

Die gute Nachricht ist, dass es noch mehr gute Nachrichten gibt: Es gibt zum Beispiel nicht nur große und großartige Initiativen gegen die Abholzung des Regenwaldes, sondern auch zur Wiederaufforstung. Ziel des *Umweltprogramms der Vereinten Nationen (UNEP)* ist es, eine Milliarde Bäume zu pflanzen – pro Jahr. Bäume verwandeln CO_2 in Sauerstoff, sind Lebensraum für eine große Artenvielfalt und helfen Hippies, die niemanden zum Umarmen haben. Nebenher spenden sie auch noch Schatten – gerade in Städten, die sich immer mehr aufheizen, ist das ein massiver Zugewinn an Lebensqualität im Sommer. Bäume können sogar noch mehr: Sie können die Erosion des Bodens verringern und dadurch Erdrutsche vermeiden helfen – oder gar die Ausbreitung von Wüsten stoppen. Das Projekt »Great Green Wall« ist das ambitionierteste Vorhaben: An der Südgrenze der Sahara sollen von der West- bis zur Ostküste des afrikanischen Kontinents ein neuer Wald und grüne Nutzflächen entstehen. An dem Projekt sind 21 Länder beteiligt und bis 2030 sollen dabei 10 Millionen Arbeitsplätze entstehen. Etwas kleinere, aber vergleichbare Projekte gibt es im Süden Algeriens, in Kenia, China und anderen Ländern. In diesem Zusammenhang kann man nur staunen, wenn man liest, dass in Deutschland seit Jahren darum gestritten wird, ein paar kleine Moore in Mecklenburg-Vorpommern zu renaturieren, die man für die Viehzucht trockengelegt hat.

Denn die Lage ist ernster als alle Krisen, mit denen die Menschheit je konfrontiert war. Die Folgen der Klimakrise sind weltweit zu spüren. Sie bedrohen den Lebensraum von Pflanzen, Tieren und Menschen und führen zu einem massiven Artensterben. Um das einzudämmen, stehen wir vor einer Herausforderung, wie es sie noch nie gegeben hat. Eine Aufgabe auf globaler Ebene bedeutet aber auch ein gemeinsames Ziel der Menschheit.

Wäre es nicht denkbar, dass wir diese Aufgabe zusammen angehen – und zwar entschlossener als mit unverbindlichen Abkommen oder Gesetzen, die dann umschifft werden? Lasst uns die Welt retten und gerne danach weiterstreiten, ich liebe Diskussionen. Aber ganz vielleicht merken wir entlang des Weges, dass wir sehr viel mehr gemeinsam haben, als wir jetzt vielleicht denken. Körper zum Beispiel, Lust auf Luft oder das Ziel, glücklich zu werden. Wie diese Körper geformt sind oder was wir uns unter Glück vorstellen und wie wir es erreichen wollen, wird unter Umständen sehr, sehr unterschiedlich sein. Doch wie auch immer wir glücklich werden wollen und was die präferierte Körperform ist – ohne Lebensraum kommen wir nicht weit. Also lasst uns unsere Sandalen löschen und schauen, wie wir die Welt gemeinsam retten können. Und sie dann vielleicht sogar in nachhaltigem Frieden zusammen bewohnen.

KAPITALISMUS UND WACHSTUMS-DOGMA

Der Kapitalismus, der alte Schlawiner,
ist uns lang genug auf der Tasche gelegen.
PeterLicht

Kürbis und Maronen harmonieren, Kichererbse und Sesam ebenso, sogar Schokolade und Salz sind eine spannende Verbindung. Aber Mozzarella und Wiener Würstchen sind definitiv keine gute Kombination. Trotzdem standen sie im Sommer 2023 gemeinsam im Mittelpunkt eines größeren medialen Aufsehens. Das lag aber nicht daran, dass jemand den bedenklichsten Fleischsalat der Welt erfunden hatte, sondern weil eine Supermarktkette den Preis für diese Artikel vorübergehend verdoppelt hatte. Sie wollte damit zeigen, was passiert, wenn man die realen Kosten für Lebensmittel veranschlagen würde. Denn die Folgekosten für die Umwelt spiegeln sich in den meisten Preisen im Laden überhaupt nicht wider. Das Experiment betraf zwar gerade mal neun Artikel aus einem Sortiment von 3000 – und das auch nur für eine Woche. Aber immerhin hat es eine Diskussion angestoßen über Fragen wie: Was kosten unsere Konsumgüter wirklich, wenn man die Schäden miteinrechnet, die sie verursachen? Kann man das überhaupt? Ist es am Ende falsch, alles durch eine marktwirtschaftliche Brille zu betrachten? Können wir CO_2 zwar bepreisen, aber wie viel ist uns saubere Luft wert? Wie gerne atmest du, auch am Ende des Monats?

Der wohlhabende Verleger Julien Backhaus wurde 2023 in einem ZDF-Interview gefragt, wie er seiner Verantwortung für den Klimaschutz nachkomme. Er entgegnete: »Nach mir die Sintflut. Ich habe keine Kinder.« Vor Schreck hätte ich beinah Würstchen und Mozzarella hochgewürgt, aber dann fiel mir ein, dass ich ja beides gar nicht esse. Einige Superreiche verursachen bis zu 1000 Tonnen CO_2 pro Jahr – tausendmal mehr als jemand, dessen Einkommen zu den unteren 50 Prozent gehört. Und: Die reichsten zehn Prozent der Weltbevölkerung sind laut einer aktuellen Oxfam-Studie für genauso viel CO_2-Ausstoß verantwortlich, wie die ärmsten 2/3 der Menschheit. Das ist krass. Etwa die Hälfte der Menschen in Deutschland gehört zu diesen reichsten zehn Prozent der Weltbevölkerung – dafür reicht ein Vermögen von »nur« 125 000 Euro.

Wir leben in einem sehr reichen Land. Was allerdings nicht bedeutet, dass es keine Armut gibt, im Gegenteil. Aktuell liegt die Kinderarmut in Deutschland bei 21 Prozent. Die Schere zwischen Arm und Reich hat sich in den letzten Jahrzehnten so weit geöffnet, dass sie inzwischen Spagat macht.

Wie kam es dazu? Wir alle jubeln seit unserer Kindheit Sankt Martin zu. Was wäre gewesen, wenn Sankt Martin dem armen Bettler gesagt hätte: »Ich kann dir nichts geben. Schluss mit der Gratismentalität! Wenn ich jetzt mit dir teile, hast du keine Erwerbsanreize!«? Fest steht: Es ist anscheinend derart beeindruckend, wenn ein Reicher einen Stofffetzen seines Vermögens abgibt, dass es noch Jahrhunderte später gefeiert und besungen wird: Rabimmel, rabammel, rabumm!

Manche kaufen sich Grundwasserquellen oder Tausende Wohnhäuser, selbst ganze Landstriche werden inzwischen käuflich erworben. Wir nehmen hin, dass die Welt in weiten Teilen einer Handvoll von Superreichen und großen Konzernen gehört. Man könnte allerdings ebenso sagen: Dieser Planet hat keinen Eigentümer. Wenn überhaupt, haben wir alle das gleiche Recht, hier zu sein und zu leben und an seinem Reichtum teilzuhaben. Von dieser Basis aus erscheint es absurd, dass eine einzelne Person sich hinstellt und sagt: »Das ist jetzt alles meins. Und wenn du kein Geld hast, mir Wasser oder Land oder Luft abzukaufen, sorry, dann kann ich dir nicht helfen. Atme halt was anderes.« Natürlich müssen wir einen Weg finden, uns zu organisieren, und der Kapitalismus ist ein solcher Weg. Aber er stößt immer deutlicher an seine Grenzen, vor allem dann, wenn er zum Selbstzweck wird. Wir haben kritische Infrastruktur, Krankenhäuser, Energieversorgung, Verkehr und selbst die Altersvorsorge teilweise oder ganz privatisiert. Und jetzt löffeln wir die daraus resultierende Suppe an allen Ecken und Enden aus, ohne das Ganze jemals auf systematischer Ebene zu hinterfragen. Warum eigentlich nicht?

Ende Juli 2022, also noch während der staatlich subventionierten Tankrabatte, verkündete der Ölkonzern *Shell* Rekordgewinne in zweistelliger Milliardenhöhe. Und einen Tag später meldeten *Chevron, Exxon* und *Total* ebenfalls

Rekordgewinne. Da habe ich mich mal wieder geärgert, dass ich damals Philosophie und Geschichte studiert habe, statt einen Ölkonzern zu gründen. Manchmal muss der Kapitalismus aber auch vor sich selbst gerettet werden, zum Beispiel während der Bankenkrise 2008. Durch die Spekulation mit Schulden tat sich plötzlich ein Loch auf im Fundament des globalen Finanzsystems. Wobei sich uns aus heutiger Perspektive die Frage aufdrängen sollte, ob es nicht vielleicht cleverer gewesen wäre, etwas mehr an der Struktur zu reparieren, statt die Banken einfach nur mit Geld zu bewerfen, bis die Boni für die Manager wieder aus vollen Fässern geschöpft werden konnten. Denn wo waren wir 15 Jahre später, im März 2023? Da wurden an einige Mitarbeitende der Silicon Valley Bank in den USA noch wenige Stunden, bevor die Bank pleiteging, Boni ausgeschüttet. Kund*innen hingegen kamen natürlich nicht mehr an ihr Geld. Sympathisch, oder? Selbstverständlich ist der Staat eingesprungen und hat versucht zu retten, was zu retten ist – durch die Gründung einer neuen Bank, übrigens. Das klingt ein wenig so, als würde man einem Ertrinkenden einen Eimer Wasser reichen.

Wenn sie nicht gerade gerettet werden, wettern die führenden Köpfe der Wirtschaft, die reichsten Menschen der Welt, gerne einmal gegen den Staat. Elon Musk sagte einmal sinngemäß, er würde ungern mehr Steuern zahlen, weil der Staat so schlecht darin sei, finanzielle Ressourcen zu verwalten. Daran musste ich irgendwie denken, als sein Unternehmen Tesla für das neue Werk in Grünheide bei Berlin im November 2020 eine staatliche Förderung in Höhe von geschätzten 136 Millionen Euro beantragte.

Wenn er die bekommt, hat er vielleicht recht – der Staat ist wirklich nicht perfekt darin, Geld zu verteilen. Kein Wunder, dass sich die Bosse und auch wirtschaftsliberale Politiker*innen gegen staatliche Einmischung wehren. Der deutsche Liberale Frank Schäffler schrieb am 2. Juli 2023 auf Twitter (jetzt »X«): »Mindestlohn ist staatliche Bevormundung.«[3] Man soll also die armen Chef*innen durch Deregulierung von den Fesseln des Allgemeinwohls und der Bevormundung durch ihre Mitarbeitenden befreien. Außer eine Bank geht bankrott, dann dürfen wir alle natürlich jederzeit sofort einspringen und mit Steuergeldern aushelfen. Logisch. Man braucht keinen Bart wie Marx, um zu erkennen, dass der Kapitalismus im Moment keine besonders gute Figur macht. Irgendwie greift die »unsichtbare Hand des Marktes« immer häufiger ins Leere. Egal, wo du politisch stehst: Mit dem aktuellen Zustand der Dinge wirst du vermutlich nicht besonders glücklich sein.

Wir sollten uns daher mal grundsätzlich ein paar Fragen stellen: Woher kommt überhaupt die Idee, alles über Geld zu regeln? Hat die Bewertung über marktwirtschaftliche Kriterien eventuell überhandgenommen? Wem verschafft das einen Vorteil? Mir? Dir? Uns? Brauchen wir vielleicht einen anderen Ansatz?

Wir sollten uns mal grundsätzlich ein paar Antworten geben: Was als Tauschmittel anfing, ist längst zum Selbstzweck geworden. Das geht so weit, dass Geld Moral bestimmt: Wo ein Deal geschlossen wird, gibt es meistens keine weiteren Fragen. Einen Vorteil haben davon in erster Linie reiche Menschen. Aber kannst du dir einen anderen Ansatz überhaupt vorstellen?

Den Erfolg eines Landes misst man gerne am Bruttoinlandsprodukt (BIP). Allerdings ist es für die Berechnung des BIP völlig gleich, ob ein Großteil der Bevölkerung verarmt, die Ressourcen ausgebeutet und die Umwelt zerstört wird. Solange der Umsatz hoch ist, ist das alles Erfolg. Schon jetzt planen Unternehmen und Regierung damit, dass die Arktis bald so weit eisfrei sein wird, dass Schiffe problemlos die Nordpassage nutzen können – für Reedereien liegt darin ein enormes Einsparungspotenzial. Auch die Anbaugrenze für Soja und Wein verschiebt sich durch klimatische Veränderungen. Hier gibt es Gewinne zu machen aufgrund der Erderwärmung – in manchen Ländern mag sogar der BIP steigen. Wenn man dann allerdings bei einem Gläschen Weißwein aus Alaska auf Hawaii am Strand sitzen will, sollte man gut schwimmen können, wenn von der Inselkette nur noch die Bergspitzen aus dem Wasser ragen. Und spätestens, wenn einem das Salzwasser ins Weinglas schwappt, wird man bemerken, dass nicht nur das BIP gestiegen ist, sondern auch die globale Durchschnittstemperatur und der Meeresspiegel. Dann kann man sich hoffentlich schnell genug aus einem 100-Dollar-Schein ein Schiffchen falten.

»Das aktuelle Modell unendlichen Wachstums in einer Welt mit endlichen physischen Ressourcen wird zu Inflation, Klimachaos und Konflikten führen.« Welcher wilde, linksradikale Ökoterrorist diesen Satz gesagt hat? Nun, das war UNO-Generalsekretär Antonio Guterres im Juni 2022[4]. Dabei ist es eigentlich eine banale Feststellung. Er hätte mit ähnlicher Berechtigung sagen können, dass man nicht unendlich viel Bier aus einem Fass holen kann. Immer wieder wird vorgebracht, dass Energiewende und Verkehrswende und generell Klimaschutz ja viel Geld kosten. Aus liberalen Kreisen ist dann zu hören, dass dafür keine neuen Schulden aufgenommen werden sollen, damit man den Nachfahren solide Staatsfinanzen hinterlassen kann. Das klingt immer ein wenig so, als könnten die nächsten Generationen auf solche Kleinigkeiten wie Küstenstädte, Frieden oder Atemluft ja easy verzichten. Sie werden uns trotzdem dankbar sein, denn immerhin haben wir ihnen solide Staatsfinanzen hinterlassen. Das muss man auch mal positiv sehen. Wobei eine aktuelle Studie des Wirtschaftsministeriums kalkuliert, dass die Klimakrise Deutschland bis 2050 rund 900 Milliarden Euro kosten wird. Vielleicht sollte man also doch noch mal drüber nachdenken, möglichst viele Ressourcen für Klimaschutz einzusetzen. Mal abgesehen von einer weiteren spannenden Frage: Wie viel Geld ist die Zukunft wert?

An der Stelle darf man sich dann schon fragen, warum die Regierung hier nicht mehr regulierend eingreift. Schließlich sollten doch Politiker*innen unsere Interessen vertreten – und die Interessen zukünftiger Generationen. Das hat sogar das Bundesverfassungsgericht klargestellt, als es 2021 von der Regierung eine Verschärfung des Klimaschutzgesetzes forderte.

Wie wichtig es dabei ist, dass Maßnahmen zum Klimaschutz auch sozial verträglich sind und dass diese Chance auch in der Kommunikation im Vordergrund stehen sollte, zeigte sich für mich sehr deutlich am 9-Euro-Ticket. Plötzlich war eine ausgiebige Nutzung des Nahverkehrs für alle erschwinglich. Natürlich war das nur eine dreimonatige

Momentaufnahme, nicht geeignet für eine nachhaltige Verkehrswende. Zumal die Probleme wie eine schlechte Anbindung insbesondere ländlicher Regionen und mangelnde Barrierefreiheit bestehen blieben. Dennoch: Für einen kurzen Moment in Raum und Zeit waren Bus und Bahn deutlich attraktiver und zugänglicher geworden. Auf einem Fest habe ich mich mit einem älteren Herrn unterhalten, der wusste, dass ich mich im Umweltbereich engagiere. Er ließ Sätze wie »Das Klima hat sich schon immer gewandelt« und »Deutschland kann nicht allein die Welt retten« und dergleichen mehr auf mich niederprasseln. Doch wenig später stellte sich heraus, dass er sich ein 9-Euro-Ticket gekauft hatte und sich darüber freute. Ich staunte nicht schlecht. Da stand ein ausgesprochener Gegner von Klimaschutzmaßnahmen vor mir – und feierte eine Klimaschutzmaßnahme. Weil diese mit deutlichen und spürbaren Verbesserungen für ihn einherging und er dies auch sofort bemerkte. War das diese »hedonistische Nachhaltigkeit«, von der Bjarke Ingels gesprochen hatte? Immerhin warnte die BILD-Zeitung vor dem 9-Euro-Ticket, weil damit alle Punks nach Sylt fahren könnten, um die Insel mit anarchischem Hedonismus zu zerstören. Die bittere Ironie an dieser Kampagne gegen eine Klimaschutzmaßnahme: Wenn etwas Inseln wie Sylt ernsthaft bedroht, dann sicher nicht Dosenbier und bunte Haare, sondern die Klimakrise.

Wenn wir Klimaschutz progressiv angehen und auch gesellschaftlichen Wandel vorantreiben wollen, muss soziale Gerechtigkeit nicht nur mitgedacht werden, sondern im Vordergrund stehen. Die Vorteile für die Menschen müssen klar kommuniziert werden. Energiewende bedeutet günstigeren Strom, viele Arbeitsplätze, Aufschwung. Eine Wärmepumpe vervielfacht Energie und spart Geld, wenn wir ihren Einsatz sozial gerecht organisieren. Verkehrswende bedeutet entspannteres und günstigeres Reisen für alle. Und mehr Platz in den Städten. Dass dabei nebenher auch noch das Klima geschützt wird, nehmen wir billigend in Kauf.

Es gibt schon heute Menschen, Firmen und Institutionen, die versuchen, anders zu wirtschaften. Ein unterstützenswerter Trend in diesem Bereich sind Purpose-Unternehmen, die so heißen, weil sie ein übergeordnetes Ziel verfolgen und zum Beispiel Umwelt und Gesellschaft nachhaltig positiv beeinflussen wollen. Es können dabei zwar Gewinne erzielt werden, aber diese sind dann kein Selbstzweck, sondern Mittel zu einem anderen Zweck. Ein prominentes Beispiel hierfür ist die Suchmaschine *Ecosia*, die von ihren Gewinnen inzwischen unter anderem mehr als 150 Millionen Bäume in 35 Ländern gepflanzt hat. Ein Purpose-Unternehmen kann sowohl im Profit- als auch im Non-Profit-Bereich spielen. Damit gibt es eine Schnittmenge zum Social Business, der allerdings, wie der Name schon sagt, klar im Businessbereich spielt und Gewinne erzielen will – um diese für soziale Zwecke wieder einzusetzen. Bekanntes Beispiel ist *Viva Con Agua*, die unter anderem Wasser verkaufen, um damit vielen Menschen den Zugang zu sauberem Trinkwasser zu finanzieren. Dass es auch eine Nummer kleiner geht, beweisen Unternehmen wie das Berliner Modelabel *Oktopulli,* die als Unternehmen in Verantwortungseigentum versuchen, im Modebereich alles richtig, fair und nachhaltig zu machen, für alle Mitarbeitenden. In Anbetracht der Situation in der Modebranche ist zudem gut zu wissen: Das ist nicht die einzige Firma, die versucht, Dinge anders anzugehen.

Und es geht auch auf ganz anderem Level, wie man bei *Buurtzorg* lernen kann. Diese niederländische Firma hat sich auf ambulante Pflege spezialisiert und wurde 2006 von Jos de Blok gegründet. Innerhalb der Firma wird komplett auf Hierarchien verzichtet. Richtig gelesen: Es gibt überhaupt keine hierarchischen Strukturen. Kleine Teams von jeweils etwa zehn Mitarbeitenden verwalten sich selbst. Man mag denken, das sei utopisch und könne nicht funktionieren. Doch *Buurtzorg* hat aktuell 14 500 Mitarbeitende, kooperiert in 25 Ländern, wurde fünfmal zum Arbeitgeber des Jahres gewählt und wird zu Recht für den Einsatz gegen Zeitdruck und Personalmangel gefeiert. Da können wir alle noch viel von lernen. Nicht mal ich komme bei der Arbeit ohne hierarchische Strukturen aus – und ich bin freischaffender Künstler.

Staunend lernen können wir auch von der *Mondragón Corporación Cooperativa* (MCC). Mondragón ist eine Kleinstadt im Baskenland und litt nach dem spanischen Bürgerkrieg unter Massenarbeitslosigkeit. Ein junger Priester namens José María Arizmendiarrieta hatte in dieser Situation 1943 die Idee, die Not der Bevölkerung durch Selbsthilfe zu lindern. Er gründete eine demokratisch organisierte Fachhochschule, aus der schon bald eine genossenschaftliche Bank und genossenschaftlich organisierte Betriebe hervorgingen, die sich in der MCC zusammenschlossen. Genossenschaftlich bedeutet, dass Mitarbeitende an den Gewinnen der Unternehmen beteiligt sind und bei den Entscheidungen des Führungspersonals miteinbezogen werden. Die Chefetage darf zudem maximal das Achtfache der Arbeiter*innen verdienen. Und im Krisenfall helfen sich die Genossenschaften gegenseitig aus – falls eine der Firmen scheitert, werden die Mitarbeitenden von anderen Genossenschaften übernommen. Seit der Gründung haben tatsächlich genau null Menschen ihren Job verloren. Auch das klingt utopisch, nicht wahr? Aber die MCC ist inzwischen weltweit tätig, 80 000 Menschen arbeiten in 95 Firmen in so ziemlich allen denkbaren Branchen. Veränderung ist möglich.

Manchmal scheitert der Wandel nur an Denkblockaden – wir können uns gar nicht vorstellen, dass eine grundlegende Veränderung der Verhältnisse überhaupt möglich ist. Dabei ist sie längst im Gange, wie man an den wenigen Beispielen, die ich gerade aufgezählt habe, entspannt ablesen kann. Aber uns treiben die Gewohnheit und die Verfügbarkeitsheuristik: Wir glauben eher das, was wir schon kennen. Aber was, wenn selbst noch viel größere Veränderungen gar nicht so krass wären, wie sie uns heute noch vorkommen? Wir könnten anders wirtschaften: nachhaltig, umweltschonend, sozial gerecht – und für so gut wie alle Menschen wäre das ein deutlicher Vorteil. Außer halt für die Chefs einiger Großkonzerne.

Aber die dürfen zum Trost einen Geschenkekorb haben, mit Wiener Würstchen und Mozzarella.

VERKEHR

*Ausgetretene Pfade sind die sichersten,
aber der Verkehr ist schrecklich.*
Jeffery Taylor

Vor vielen Jahren wurde mein alter Freund Torsten Sträter mal gefragt, warum er immer mit dem Auto zu Auftritten fährt. Er gab die weise Antwort: Es ist gesellschaftlich einfach nicht anerkannt, im Zug lautstark bei ABBA mitzusingen.

Da habe ich zwar schon einige Kegelclubs und Junggesellinnen-Abschiede erlebt, die da anderer Meinung waren. Aber gut, wer sein Müsli mit Eierlikör frühstückt, ist eventuell auch nicht auf der Überholspur Richtung Nobelpreis unterwegs.

Nun ja, die Sache mit dem Mitsingen bei ABBA beim Autofahren ist zumindest ein Argument. Und wie Torsten Sträter in seinem Fiat Punto die A40 runterkachelt und dabei aus dem offenen Fenster »Dancing Queen« gröhlt, das ist schon eine zauberhafte Vorstellung. Weit weniger absurd als viele andere Punkte, die so fürs Autofahren vorgebracht werden. Ich meine, versteht mich nicht falsch, es gibt tatsächlich gute Argumente dafür, zum Beispiel medizinisch notwendige Fahrten oder Reisen in so abgelegene Gegenden, dass man ohne Auto überhaupt nicht hinkommt, zum Beispiel die Innenstadt von München.

Es ist ja schwierig genug geworden, ein sachliches Gespräch zu führen. Der Vorschlag, sich in Sachfragen an der Wissenschaft zu orientieren, gilt inzwischen als »ideologischer Wahn«. Dieter Nuhr, das menschliche Partyhütchen vom Niederrhein, hat neulich in einem Interview gesagt, wer fordere, sich an der Wissenschaft zu orientieren, der wolle sich unterordnen, statt sich eigene Gedanken zu machen. Na klar, Dieter. Sag das doch das nächste Mal in eine Kamera, die nicht nach wissenschaftlichen Prinzipien gebaut wurde, sondern nach deinen »eigenen Gedanken«.

Aber mal im Ernst, Wissenschaft ist ideologischer Wahn? Mittelalter, ick hör dir trapsen.

»Ja, aber das sehen ja nicht alle Wissenschaftler so, darum darfst du nicht sagen ›die Wissenschaft‹«, rufen dann die Expert*innen immer gleich.

Ja, sorry für meine Ungenauigkeit. Es sind natürlich nicht alle Wissenschaftler*innen der Meinung, dass wir von einer menschengemachten Klimakrise bedroht werden und sofort handeln müssen, es gibt einen einzelnen emeritierten Altphilologen aus der Uckermark, der als Einziger in der kompletten wissenschaftlichen Community aufrecht geblieben ist und den Mut hat, die Wahrheit zu sagen. Halte durch, Professor Klaus-Jürgen Kartoffelinski. Alle anderen sind gekauft und durch Fördergelder gelenkt.

Kennt man ja, du schreibst wochenlang an den Anträgen, um eine Förderung für deine Doktorarbeit über »Die Heisenberg'sche Unschärferelation aus der Perspektive zeitgenössischer Quantengravitation« zu kriegen, und dann erhältst du irgendwann eine Bewilligung über die Fördersumme postalisch zugestellt und im selben Brief wird dir praktischerweise auch direkt das vom Ministerium gewünschte Ergebnis deiner Studie mitgeteilt. Es lautet 42.

Wissenschaft, so ist sie einfach, die freche Maus. Aber gut, dieselben Menschen, die dir erklären, dass Wissenschaft komplett von der Regierung gesteuert ist, sind auch überzeugt, dass weltweit alle Medien unterwandert und fremdgesteuert sind, um die Massen zu manipulieren. Einzige Ausnahme ist die BILD-Zeitung, na klar. Die ist das gallische Dorf, das tapfer Widerstand leistet. Die letzte Bastion der Besonnenheit, ein Leuchtturm des Humanismus an der rauen Küste der Mainstreammedien. In der BILD-Zeitung wird noch neutral berichtet, was Matthias Döpfner gerne hätte.

Politik und Wissenschaft haben sich beispielsweise miteinander verschworen, um uns vorzutäuschen, dass die Erde eine Kugel ist. Es weiß doch jeder, dass das eine Scheibe sein muss, weil sonst das Wasser einfach runterlaufen würde. Na klar, du kannst ja mal Wasser auf eine Murmel kippen und gucken, ob da was dran hängenbleibt. Oder du guckst dir eins der vielen Youtube-Videos an, in denen Menschen genau das machen. Und danach halten sie die Murmel in die Kamera und sagen mit ernstem Blick: »Seht ihr, das ist der Beweis.«

Natürlich, Manuela, du hast soeben unser komplettes wissenschaftliches Weltbild als Lügenkonstrukt entlarvt, indem du eine Murmel unter den Wasserhahn gehalten hast. Ich bin stolz auf dich. Endlich jemand, der sich eigene Gedanken macht.

Auf die Wissenschaft kann man leider nicht mehr zählen. Zum Glück gibt es noch andere Horte der Vernunft, zum Beispiel die Autolobby! Nehmen wir doch mal das Thema Tempolimit: Auf der A24 in Brandenburg ist vor 20 Jahren ein Tempolimit eingeführt worden, weil es dort vermehrt zu Unfällen gekommen war. 2023 zeigt sich, dass die Unfallquote dadurch tatsächlich gesunken ist. Und jetzt überlegt die Landesregierung, das Tempolimit wieder aufzuheben. Warum? Weil es nicht mehr so viele Unfälle gibt.

Als man vor wenigen Jahren in den Niederlanden ein generelles Tempolimit von 100 Stundenkilometern einführte, waren nur 45 Prozent dafür. Nun wird diskutiert, das Limit auf 90 Stundenkilometer zu senken – und siehe da, die Zustimmung dafür liegt in der Bevölkerung bei 60 Prozent. Es ist fast, als müssten die Menschen nur merken, dass der Schritt ihnen gar nichts wegnimmt, sondern eigentlich nur Vorteile bringt. Und für die Handvoll Leute, die wirklich dringend mit Autos rasen wollen, haben wir in Deutschland ja zum Glück noch jede Menge Rennstrecken. Es ist nicht so, dass wir euch den Spaß nicht gönnen.

In München gibt es hingegen so viel Stau, dass sich die Letzte Generation ruhig auf die Straße kleben kann, das macht bei der Fließgeschwindigkeit im Verkehr eh keinen Unterschied. Aber Markus Söder hat mal gesagt, dass Bayern ein Autoland sei. Was auch immer das bedeuten soll. Gefühlt ist der Mann kurz davor, sich einfach auf eine Bühne zu stellen und zu rufen: »BRUMM BRUMM BRUMM, BMW! GUT! GUT!«

Und als Bewohner*innen eines Autolandes sollen die Bayern natürlich nicht von Klimaaktivisti blockiert werden. In München soll man weiterhin selbstverschuldet im Stau stehen dürfen. Denn schon Immanuel Kant wusste: Der Stau ist der Ausgang des Menschen aus seiner selbstverschuldeten Unpünktlichkeit. Und darum hat man in München jetzt Anfang 2023 für einige Leute aus dem Umfeld der Letzten Generation ein Sekundenklebertransportverbot ausgesprochen. Ich weiß nicht, wie es euch geht, aber ich habe noch nie ein deutscheres Wort gehört als »Sekundenklebertransportverbot«. Dieses Verbot gilt für die Aktivisti auch, wenn die sich gerade gar nicht irgendwo festkleben. Die dürfen einfach nie Sekundenkleber dabei haben. Wenn einer von denen in Bayern auch nur in der Nähe eines Prittstiftes erwischt wird, dann wird er auf dem Marktplatz mit Weißwürsten beworfen, bis er sich zu den Werten des Oktoberfestes bekennt. Aber im Ernst – das Bußgeld für einen Verstoß gegen das Sekundenklebertransportverbot beträgt 1000 Euro. Zum Vergleich: Mit 120 Stundenkilometern durch die Stadt rasen kostet 700 Euro – 300 Euro weniger, da mach ich doch lieber das!

Was man in München und anderswo auch gerne vermeiden möchte, ist natürlich noch mehr Fahrräder in der Stadt. Es wird argumentiert, dass die Straßen eh schon so voll sind, da ist ja dann immer weniger Platz, wenn jetzt auch noch mehr Fahrradwege und Fahrräder dazukommen. Das ist logisch, wenn man bereit ist zu ignorieren, dass mehr Fahrräder weniger Autos bedeuten. Also mehr Platz für Autos, nicht weniger. Weniger Staus, nicht mehr. Jede*r Autofahrer*in sollte Fan von Radwegen und Fahrrädern sein. Radeln für das Autoland.

Deutsche Fahrradfahrer*innen schauen ja gerne mal neiderfüllt in die Nachbarländer, zum Beispiel in Städte wie Kopenhagen oder Amsterdam, die beide für ihren hohen Anteil an Fahrrädern bekannt sind. In Amsterdam würde es mich nicht überraschen, einen SUV zu sehen, der auf einem Fahrrad durch die Stadt fährt. Aber es ist eine andere Stadt in den Niederlanden, die ich hier gerne als positives Beispiel anführen möchte, nämlich Utrecht. »Die Stadt zählte 2019 über 245 Kilometer geschützter Radwege, 90 Kilometer Radfahrstreifen und 18 Kilometer Fahrradstraßen. Rund 60 Prozent der Menschen nutzen das Fahrrad für die Fahrt ins Stadtzentrum. Knapp die Hälfte aller Strecken, die kürzer als 7,5 Kilometer sind, werden mit dem Rad zurückgelegt«, schreibt der ADFC.[5] Von solchen Zahlen sind wir in Deutschland definitiv weiter als 7,5 Kilometer entfernt. Und trotzdem sind sie alles andere als unerreichbar. Für diesen Optimismus sprechen vor allem zwei Dinge: Das Fahrrad ist in den Niederlanden nicht vom Himmel gefallen, ganz im Gegenteil. Die Radwende in Städten wie Amsterdam wurde seit den 1970ern gegen harten Widerstand erkämpft. Und nun? Sind die Menschen so glücklich und zufrieden damit, dass der Umstand, dass sie klimaneutral unterwegs sind, beinah zur Nebensache gerät. Klingt unvorstellbar? Schnappt euch ein Fahrrad, fahrt hin, guckt es euch an.

Der zweite, noch weit wichtigere Punkt ist die Umsetzbarkeit. Dazu radeln wir noch einmal zurück nach Utrecht. Die Transformation dieser Stadt begann erst 2010 mit einem ambitionierten neuen Verkehrsplan. Wenn die Menschen sich einig sind und der politische Wille vorhanden ist, kann man eine Stadt binnen weniger Jahre neu ausrichten.

Das galt schließlich auch für das Auto – um 1900 sah man in New York nur Kutschen und Pferde. Nur zwanzig Jahre später war die Zahl der Kutschen fast auf null gesunken und alles voller Autos. Ebenso schnell kann man bei derartigen Entwicklungen auch den Rückwärtsgang einlegen.

Auch in größeren Städten kann man den Wandel angehen und beobachten, wie es allen damit besser geht. Aktuelle Beispiele in Europa sind Paris und Barcelona. In der katalonischen Metropole gibt es inzwischen weitgehend autofreie Megablocks und sogenannte Fahrradbusse. Dabei handelt es sich um große Gruppen von Schüler*innen, die morgens unter Aufsicht gemeinsam zur Schule radeln und dabei im Straßenverkehr Sonderrechte genießen. Und, liebe Eltern, ihr könnt mir nicht erzählen, dass das nicht besser ist, als jeden Morgen in den Nebenstraßen der Grundschulen Autoscooter mit Dutzenden SUVs zu spielen.

Es ist schon auch ironisch, dass Deutschland einig Autoland ausgerechnet von einer Ampel regiert wird. Die FDP hat uns 2023 sogar erklärt, dass die Autobahnen gut sind fürs Klima. Christian Lindner sagte, dass wir mehr Autobahnen brauchen, damit nicht mehr so viele Autos im Stau stehen und sinnlos CO_2 verursachen. Also müssen wir zum Klimaschutz mehr Autobahnen bauen, na logisch. Dass es Studien gibt, die belegen, dass mehr Straßen zu mehr Autos führen – und zwar weltweit –, nun ja, das ist Wissenschaft. Wir machen uns lieber eigene Gedanken, nicht wahr?

Wir brauchen eine Klimaautobahn. Am besten, sobald irgendwo ein Stückchen Natur ist, also eine Wiese zum Beispiel, gleich einbetonieren. Sonst kommen da noch Kühe hin und die erzeugen ja bei der Verdauung Methan und das ist noch klimaschädlicher als CO_2. Alle Wiesen zum Klimaschutz sofort asphaltieren. Und die Städte auch – so wie bei der A100 in Berlin. Die Fertigstellung wird 2035 erwartet, die Kosten liegen bei läppischen 1,5 Milliarden, umgerechnet 218 000 Euro pro Meter. Für Berlin inzwischen ein günstiger Quadratmeterpreis. Und mit der Fertigstellung 2035 ist man ja schon schnell dabei. So schnell kommt die Verkehrswende leider nicht. Kennst du den Deutschlandtakt? Das ist das Großprojekt der Deutschen Bahn, mit dem man eine neue Taktung hinkriegen will, damit Züge besser aufeinander abgestimmt sind und pünktlicher kommen. Das war mal angekündigt für 2030, ist aber vor Kurzem verschoben worden. Da ist ernsthaft jemand vor die Kameras getreten und hat gesagt: Ja, der Deutschlandtakt kommt ein bisschen später, als wir dachten: 2070. Das muss man auch erst mal hinkriegen: Sogar die Pünktlichkeit selbst kommt zu spät.

Ich sehe das schon vor mir: Wir schreiben das Jahr 2070, Deutschland ist aufgrund der Klimakrise inzwischen zu weiten Teilen eine Wüste. Die Menschen, die es sich leisten können, leben in unterirdischen Bunkern, um sich tagsüber vor der erbarmungslosen Sonne zu verstecken, nachts schleichen sie durch die Ruinen des Reichstags, um in der Kantine nach Essensresten zu suchen, immer auf der Hut vor den mutierten Hyänen. Doch plötzlich zucken sie zusammen, denn in der Ferne ist ein lautes Geräusch zu hören – was ist denn das? Es ist der ICE 519 aus Köln, der auf Gleis 14 des ansonsten komplett eingestürzten Hauptbahnhofs einfährt. Die hintere Hälfte des Zuges steht lichterloh in Flammen. Die Menschen schauen auf ihre Uhren und beginnen spontan zu jubeln. Zum ersten Mal in der Geschichte der Deutschen Bahn ist ein Zug aus Köln pünktlich in Berlin angekommen – trotz Zugteilung in Hamm. Selbst die mutierten Hyänen sind außer sich vor Freude.

Im Ernst, Leute: Die Klimakrise ist jetzt, der Verkehrskollaps ist jetzt, wir müssen handeln – jetzt. Stattdessen leben wir weiter in unserem magischen Autoland. Die Autos werden immer größer: Seit 1950 sind sie um 60 Prozent länger und um 35 Prozent breiter geworden.

Seit 2010 ist der durchschnittliche Kraftstoffverbrauch der immer schwereren Neuwagen um 30 Prozent gestiegen.

Ich habe mal auf einer Party eine Frau getroffen, die mir stolz erzählte, dass ihr neuer SUV so groß sei, dass er nicht mehr in ihrer Garage abgestellt werden kann. Eine Glanzleistung. Irgendwie hatte ich das Gefühl, dass Selbstreflexion auch nicht in ihre Garage passt. Aber hey, auf den Straßen ist ja Platz. Ein Anwohnerparkausweis kostet in Bochum 6 Cent pro Tag. Eine Fahrt mit der Straßenbahn in die Innenstadt und zurück kostet knapp 6 Euro. Nur die großen Reden über Umweltschutz, Verkehrswende und Nachhaltigkeit, die waren hingegen anscheinend noch günstiger, nämlich komplett umsonst.

Wir brauchen eine andere Vision. Wir brauchen eine Utopie. Nur so können wir gesellschaftliche Kipppunkte erreichen, an denen sich unsere Einstellung zum Thema Verkehr ändert. Das ist nicht so weit weg, wie man vielleicht denken könnte, wie die internationalen Beispiele zeigen. Und auch bei uns gibt es schon gute Nachrichten, denn die Autonutzung ist im ersten Halbjahr 2023 im Vergleich zu 2019 um 14 Prozent gesunken. Das ist ein Anfang, immerhin. Auch die Nutzungszahlen des Deutschlandtickets weisen in eine gute Richtung. Wir könnten unterwegs sein in eine wunderbare Zukunft. Wir können unterwegs sein. Wir müssen nur aufbrechen. Wir müssen uns vorstellen können, wie schön das Leben in einer Stadt mit weniger Autos sein könnte. Wo auf den Straßen Platz ist, nicht nur für Menschen und Fahrräder, wo Rettungsdienste im Notfall sofort durchkommen, weil es keinen Stau mehr gibt. Wo auch Platz ist für mehr Spielplätze, für Cafés, für Straßenfeste, zu denen wir dann auch mehr aus unseren Wohnungen rauskommen, wo der öffentliche Raum wieder allen gehört und nicht nur den parkenden Autos. Wo wir einander wieder begegnen können, draußen, in echt. Das würde helfen gegen die soziale Isolation. Wir würden einander näherkommen. Und wir würden uns vielleicht in den Armen liegen und es wäre gesellschaftlich absolut anerkannt, dass wir dann alle, alle zusammen, du und ich und Torsten Sträter, gemeinsam und lautstark bei ABBA mitsingen.

ENERGIE

Die Sonne schickt uns keine Rechnung.
Franz Alt

Eine der Forderungen, die man immer wieder aus konservativen und liberalen Kreisen hört, ist diese: »Die Klimakrise kann man nur durch technische Lösungen beenden!« Wenn ich das höre, denke ich: Aber Friedrich, aber Christian, Moment mal. Haben wir denn nicht schon technische Lösungen, die gegen die Klimakrise helfen können? So brandneue Erfindungen wie Solarzellen, Windräder, Wärmepumpen und dergleichen mehr? Wieso gibt es davon nicht mehr?

Es zeigt sich, dass die CDU/FDP-Regierung 2012 die Förderungsmöglichkeiten für Solarenergie massiv gekürzt hat. Bis dahin waren wir weltweit führend in einer Zukunftstechnologie namens »Solarenergie«. Anscheinend hat man, statt der Klimakrise, dann doch lieber die technische Lösung beendet. Anders als bei der direkten und indirekten Förderung von fossilen Energieträgern, etwa beim Dieselprivileg, Personenflugverkehr, Dienstwagen, Kohlekraft oder der Frisur von Markus Lanz. Dass im Solarbereich nach 2012 rund 80 000 Arbeitsplätze verloren gingen, darüber wurde schneller der Mantel des Schweigens ausgebreitet als über der letzten Staffel *Game of Thrones*.

Den Aufschrei hat man sich scheinbar aufgehoben für den Ausbau der Windkraftanlagen. Wer schon mal mit Menschen über Windkraft diskutiert hat, dem wird ein Gegenargument noch präsenter sein als Schlagschatten. »Wenn du für Windkraft bist, dann bist du ein ganz schlechter Öko!«, heißt es da gerne mal. »Böse grün! So ein Windrad ist im Prinzip nichts anderes als ein Fleischwolf in the sky!« Und es stimmt: Jedes Jahr sterben in Deutschland rund 100 000 Vögel durch Windräder. Das ist eine krasse Zahl. Findet auch der Chef unseres lokalen Kentucky Fried Chicken. Schließlich sterben für den menschlichen Verzehr jedes Jahr nur 703 Millionen Vögel.

Ein weiterer gern genutzter Einwand sind die windstillen Nächte. Das klingt romantisch, aber es geht natürlich darum, wie der Strombedarf gedeckt werden soll, wenn Solar- und Windkraft gerade nicht zur Verfügung stehen. Da entstünde eine Versorgungslücke und es sei unrealistisch, diese zu schließen. Man könnte sagen, in windstillen Nächten träumen Ökos besonders laut. Das ist vollkommen richtig. Manchmal jedoch wachen wir dann schweißgebadet auf und rufen: »Ach schade, dass Wind und Sonne nicht immer verfügbar sind. Aber zum Glück sind Kohle, Erdgas und Uran ja immer und überall und problemlos verfügbar. Uff, Glück gehabt.«

Andererseits: Sind unserer Träume wirklich so unrealistisch? Ist das eine rhetorische Frage? Natürlich haben wir bereits viele Möglichkeiten, Strom zu speichern, sei es in Batterien, durch Wärmespeicherung oder zum Beispiel dadurch, dass man die Energie verwendet, um grünen Wasserstoff herzustellen, den man dann später wieder verstromen kann. Eine ausreichende Speicherstruktur ist in Deutschland zwar noch nicht vorhanden. Aber das ist noch lange kein Grund, sich vor Schreck ein neues Kohlekraftwerk in seinen Garten zu bauen. Natürlich kann man Speicher ausbauen und, wo es noch an technischen Lösungen mangelt, in Forschung und Konstruktion investieren.

In der Berliner Boulevard-Zeitung BZ hieß es im April 2023 »Windräder kann man nicht recyclen – wohin mit dem Müll?«. Ich fand das eine spannende Frage, vor allem, weil es mittlerweile längst Methoden gibt, Rotoren herzustellen, die man recyclen kann. Und auch, weil im selben Zeitraum ganz Deutschland aufgeregt über das Ende der Atomkraft diskutierte. Was definitiv verbleibt, sind 600 000 Kubikmeter Atommüll. Könnten wir das in einen Kubus verdichten, erhielten wir einen Würfel mit einer Kantenlänge von über 84 Metern, ein massiver, strahlender Klotz, viel höher als die Zentrale des WDR. Und definitiv radioaktiver.

Immerhin haben wir inzwischen eine Bundesgesellschaft für Endlagersuche. Beruhigend ist, dass sie aus dem Atommüll kein freistehendes Mahnmal in der Kölner Innenstadt machen, sondern diesen tief unter der Erde in geeignetem Gestein unterbringen wollen. Einem Ort, an dem sich über den zu erwartenden, langen Zeitraum bis zur Unschädlichkeit des Materials auch keine Gefahr geologischer Veränderungen ergeben wird. Aber das ist nicht so einfach. Entsprechend werden wir nach dem aktuellen Zeitplan noch bis weit ins nächste Jahrhundert warten müssen, bis wir die Tür zu einem Endlager schließen können. Bis dahin dürfen wir jährlich mit Kosten von einer knappen Milliarde Euro rechnen, um den Atommüll zu »versorgen«. Das entspricht aktuell knapp der Hälfte des Budgets des Deutschen Umweltministeriums. Aber im Bereich Umweltschutz weiß man ja eh meistens nicht wohin mit dem ganzen Geld.

Apropos Investitionen: Tatsächlich liegen die Kosten der Stromerzeugung bei den erneuerbaren Energien weitaus niedriger als bei fossilen Energieträgern oder bei Atomstrom. Solarenergie lässt sich bereits für 2–4 Cent die Kilowattstunde herstellen, Windenergie kostet kaum mehr. Warum ist denn der Strompreis in den letzten Jahren nicht massiv gesunken, obwohl der Anteil von Ökostrom deutlich gestiegen ist? Das liegt am uniform-pricing-System, das festlegt, dass alle Stromanbieter für ihren Strom den Preis erhalten, den das teuerste Kraftwerk veranschlagt, den sogenannten Market Clearing Price (MCP). Aktuell bietet das einen massiven Vorteil für die erneuerbaren Energien, deren Gewinnmargen dadurch in die Höhe schnellen. Aber es bedeutet eben auch eine deutlich geringere positive Auswirkung der Energiewende auf den Strompreis der Endverbrauchenden. Denn solange ein einziges fossiles Kraftwerk mit am Netz hängt, bleibt der Preis für Strom auf dem Markt weit oben. Noch deutlicher werden die Preisunterschiede, wenn man die Folgekosten mit einrechnet.

Denn die Frage ist offen, was wir mit unserem strahlenden 84-Meter-Kubus machen und mit den Kosten, die von den häufiger auftretenden Extremwetterereignissen verursacht werden. Und diese Kosten fallen nicht nur in Deutschland an. Aber sie können jederzeit auf Deutschland zurückfallen.

Wie das aussehen kann? Dafür gibt es ein schönes Beispiel: Saúl Luciano Lliuya ist Bauer in den peruanischen Anden. Er lebt in der Stadt Huaraz, unterhalb eines Gletschersees namens Palcacocha. Durch die immer schnellere Gletscherschmelze wächst die Gefahr, dass dieser See über die Ufer tritt. Um dies zu verhindern, wurden bereits einige Dämme errichtet. Aber um die Stadt und das darunter liegenden Tal zu schützen, sind weitere Maßnahmen notwendig – und diese sind sehr teuer. Was die Frage aufwirft, wer für diese Kosten aufkommen sollte. Für Saúl Luciano Lliuya ist klar, dass das die Aufgabe der Leute ist, die die Klimakrise verursachen und damit auch die Gletscherschmelze. Deshalb hat er bereits 2015 Klage gegen den deutschen Konzern RWE eingereicht. Das sind die mit den sympathischen Riesenbaggern, die beispielsweise in Nordrhein-Westfalen Dörfer abreißen, um an Braunkohle zu kommen. Aktuell verursacht RWE etwa 0,5 Prozent des weltweiten emittierten CO_2. Deswegen sollen sie auch für 0,5 Prozent der Kosten für die Sicherungsmaßnahmen am Palcacocha aufkommen, so Saúl Luciano Lliuya. Nach jahrelangen Prüfungen, Ortsterminen und Vorverhandlungen hat das Oberlandesgericht Hamm 2023 die Klage zugelassen. Und damit beginnt ein Verfahren, das einen Präzedenzfall ungesehenen Ausmaßes schaffen könnte. Denn natürlich wäre damit die Tür geöffnet, auch andere Konzerne, die für kurzfristige Profite langfristige Konsequenzen ignorieren, für die Folgen bezahlen zu lassen. Ganz konkret, hier und jetzt.

Eine indirekte Folge wäre, dass die Preise für fossile Energie deutlich steigen dürften. Denn dann müssten die Konzerne ja die realen Kosten inklusive der Folgekosten veranschlagen. Falls du das Gefühl hast, das sei eventuell ein wenig unfair, wenn du demnächst beim Tanken die dadurch verursachten Umweltfolgen mitbezahlen sollst, dann musst du dir natürlich die Gegenfrage gefallen lassen: Ist es fairer, wenn diese Umweltfolgen von Saúl Luciano Lliuya und all den anderen Menschen insbesondere im globalen Süden bezahlt werden, noch dazu, wo dort mit deutlichem Abstand die wenigsten klimaschädlichen Treibhausgase verursacht werden?

Es ist denkbar, dass in Zukunft Regierungen (aktuelle oder vergangene) vor nationalen und internationalen Gerichtshöfen verklagt werden. Was denkst du, was passiert, wenn durch den steigenden Meeresspiegel ganze Inseln und Küstenregionen unbewohnbar werden? Was, wenn durch noch krassere Extremwetter, die in Zukunft zu erwarten sind, noch viel mehr Menschen sterben, als es leider eh schon der Fall ist? Ob dann die Frage nach der Verantwortlichkeit lauter und deutlicher gestellt werden wird?

Das ist keine schöne Vorstellung, sicher auch nicht für die aktuell regierenden Politiker*innen. Es gibt aber zum Glück eine sehr einfache Lösung, all diese Kosten, die Gerichtsverfahren und möglichen Strafen zu vermeiden: Wir müssen einfach sofort und mit aller Kraft gemeinsam daran arbeiten, dass so bald wie möglich gar kein CO_2 mehr ausgestoßen wird. Nicht nur in Deutschland, sondern weltweit.

Und all jenen, die nun reflexhaft schimpfen, dass es ja kaum einen Unterschied macht, ob Deutschland klimaneutral wird und dass »wir nicht die Welt retten können«, schauen wir ruhig in die Augen und nehmen ihnen diese Sorge von den Schultern. Wir sind nicht die Einzigen, die sich Gedanken machen, wie wir den Klimawandel aufhalten können, und sich engagieren, eher im Gegenteil. Schauen wir nur mal auf die heiß umstrittenen Wärmepumpen im europäischen Vergleich: In Deutschland haben aktuell 4,3 von 1000 Haushalten eine solche Pumpe – in Norwegen ist der Wert mehr als zehnmal so hoch. 49,7 Haushalte haben dort eine Wärmepumpe im Einsatz. Dann folgen Finnland, Estland, Litauen, Dänemark, Schweden, Frankreich, Italien, Irland, Schweiz, Österreich. Portugal, Niederlande, Spanien, Polen, Tschechien und Belgien, bevor auf dem viertletzten Platz in Europa schließlich Deutschland auftaucht. Wir sind von einer Vorreiterrolle weiter entfernt als Gregor Gysi von einer Karriere als Profifußballer. Und ja, China und die USA erzeugen mehr CO_2 als wir. Sehr viel sogar.

Aber mal im Ernst: Wenn wir auf internationaler Ebene mit anderen Staaten verhandeln wollen, ob sie nicht mal mehr auf erneuerbare Energien setzen wollen, dann brauchen diese gar nicht um die Ecke zu denken. Vermutlich wird man uns einfach die Bilder der Schaufelradbagger im Braunkohletagebau bei Lützerath entgegenhalten. Das Ausmaß der Zerstörung durch Braunkohleförderung spottet allen Worten: Allein der Tagebau Hambach umfasst 43 Quadratkilometer Abbaufläche, ist über 400 Meter tief, zerfressen von gigantischen Baggern. Es sieht aus, als hätten Selbsthass und der Grand Canyon ein uneheliches Kind. Eine gigantische Schürfwunde der Erde, beeindruckend im schlechtesten Sinne des Wortes. Also nein, Deutschland soll nicht im Alleingang die Welt retten, aber endlich einmal damit anfangen, einen größeren Teil dazu beizutragen. Und wir sollten uns solche Ankündigungen sparen, wie die von RWE, dass der Konzern über die mit der Landesregierung von Nordrhein-Westfalen vereinbarte Fördermenge hinaus noch 50 Millionen Tonnen Braunkohle abbauen will. Nach eigenen Angaben geschieht dies »auf Reserve«. Da drängte sich mir die Frage auf: Was macht man denn mit 50 Millionen Tonnen Braunkohle auf Reserve? Kleinhacken und bei der nächsten Demo als Ohrstöpsel verwenden? Ins Müsli brösseln als Crunchy Coal Cereal? Ganz viele 84 Meter große Kuben pressen?

Der Konzern RWE kommt in diesem Kapitel häufig vor. Das liegt schlicht daran, dass ich unweit der Braunkohlegruben aufgewachsen bin und heute auch lebe. Natürlich ist RWE unter den 100 Konzernen, die für 71 Prozent der weltweiten CO_2-Emissionen verantwortlich sind. Aber sie sind bei Weitem nicht die einzigen und auch nicht die größten Verursacher von Klimaschäden. Das wären eher *ExxonMobile, Shell,* BP, *Gazprom, Saudi Aramco, PetroChina* und *China National Coal.* Über jeden dieser Konzerne hätte ich ein ganzes Kapitel schreiben können.

Es gibt viele, viele Baustellen, an denen wir arbeiten müssen, wenn die Zukunft für uns alle besser werden soll. Denn stell dir doch mal vor, wie schön es werden könnte: Die Luft ist besser, die Gefahr von Naturkatastrophen geht zurück und der Strom ist gleichzeitig plötzlich nur noch ein paar Cent teuer. Und das wird dann auch noch dauerhaft und nachhaltig so weitergehen.

Erster Tipp, woher das Geld für eine Verbesserung der Lage kommen könnte: sämtliche fossile Subventionen streichen. Diese sind im Jahr 2023 weltweit erstmals über eine Billionen Dollar gestiegen. Das reicht vermutlich, um den Tagebau Hambach mit Münzen zu füllen. Nennt mich Träumer, aber vielleicht sollten wir in Zeiten der Klimakrise nicht jährlich Milliarden von Euro dazu verwenden, klimaschädliche Energie billiger zu machen als klimaneutrale Energie.

Auf der Suche nach Lösungen scheint es mir auch wenig hilfreich, den Vorsitz des UN-Klimarates an den Chef eines gigantischen Ölkonzerns zu geben. Und dennoch hat man Sultan Al Jaber, der zudem noch Industrieminister von Kuwait ist, im Mai 2023 an diese Position gesetzt. Das ist so, als würde man einen Vertreter des iranischen Regimes zum Vorsitzenden des Sozialforums des UN-Menschenrechtsrats machen. Wenn jemand das für schelmischen Spott hält und zweifelt, ob dies wirklich wahr sein kann, dann haben ich und jemand namens Ali Bahreini leider schlechte Nachrichten. Es stimmt tatsächlich.

Immerhin: Das im Sommer 2023 aufgelegte Solarprogramm der deutschen Regierung baut Bürokratie ab und macht es insbesondere Privatleuten deutlich einfacher, sich Solaranlagen zu beschaffen und einzusetzen. Auch im öffentlichen Raum werden mehr Solarparks geschaffen. Alles wunderbar und ein Grund zum Feiern, aber kein Grund, innezuhalten. Denn das Potenzial ist gigantisch. Bisher wird nur ein kleiner Prozentsatz der dafür geeigneten Dachflächen für Solaranlagen genutzt. Studien belegen, dass in Kombination mit geeigneter Speichertechnologie durchaus der komplette Strombedarf durch erneuerbare

Energie gedeckt werden kann. Das wird dann auch weitaus kostengünstiger sein. Denn die Sonne scheint ja eh und an vielen Tagen so derartig hell, als ob sie uns durch Wärme und Licht anbrüllen wollte: »Hier! Hier! Kostenlose Energie!« Wir müssen nur die Braunkohle aus den Ohren nehmen. Natürlich ist unser Ziel nicht, dadurch ein Vorbild für die Welt zu sein. Aber wir könnten Teil dieses Wandels sein, der helfen wird, diese Welt nachhaltig zu einem besseren Ort zu machen. Bessere Luft, weniger Schmutz, mehr Artenvielfalt, lebenswertere Städte und eine sichere und günstige Stromversorgung – das ist weitaus mehr wert als der Gewinn eines imaginären Wirtschaftswettbewerbs. Darauf können wir uns sicher einigen. Denn was wollten wir uns von dem vielen Geld kaufen, wenn nicht ein gutes Leben in einer schönen Welt?

Natürlich müssen wir auch über Verkehr, Ernährung und andere Themen sprechen, bei denen wir Klimaneutralität erreichen wollen. Aber uns muss klar sein: Energie ist unsere größte Baustelle, denn hier erzeugen wir leider noch den größten Anteil an CO_2. Die Lösungen liegen vor, auch wenn sie uns nicht greifbar scheinen. Aber so ist das halt mit Wasser, Wind und Sonnenlicht. Vielleicht habe ich auch all diese Ideen nur, weil draußen eine windstille Nacht ist. Und du weißt ja: In windstillen Nächten träumen Ökos besonders laut.

POLITIK

It's time to be positively rebellious
And rebelliously positive.
David Tennant

»Links Eingestellte halten Diskurs nur in Richtung der eigenen Meinung aus«, sagte einst Jens Spahn im Rahmen eines Interviews.[6] Stimmt, dachte ich: Linke sind intolerant, die politisch Rechten sind hingegen für ihre umfassende Toleranz bekannt. Markus Söder vertritt eher einen manchmal drolligen Populismus: Er sagte einmal, er glaube dem Grünen-Politiker Anton Hofreiter erst wieder, dass er für die Bundeswehr sei, wenn er sich einen militärischen Haarschnitt verpassen lasse. Ich habe ihm dann geschrieben, dass ich ihm erst glaube, dass er für erneuerbare Energien ist, wenn er sich ein Windrad auf den Kopf montiert. Kam keine Antwort.

Friedrich Merz hingegen hat in seine viel beschworene »Brandmauer gegen Rechts« mittlerweile scheinbar eine Drehtür eingebaut. Im Herbst 2023 behauptete er, dass Asylbewerber Deutschen die Zahnarzttermine wegnehmen würden. Mal abgesehen von dem absurden Gedanken, jemand könnte aus einem Krisengebiet unter Todesgefahr nach Deutschland flüchten, um sich einer Wurzelbehandlung zu unterziehen: Eventuell sind es in unserem sonderbaren Zweiklassensystem der Medizin doch eher die Privatpatient*innen, die allen anderen die Termine wegnehmen. Wie Herr Merz wohl versichert ist? Allein 2023 fiel Merz noch auf, indem er Palästinenser pauschal mit Antisemitismus in Verbindung brachte, arabischstämmige Schüler als »kleine Paschas« bezeichnete und ukrainische Geflüchtete als »Sozialtouristen«. Das ist alles schlimm und macht rassistische Positionen gesellschaftsfähiger. An den aktuellen Umfragewerten der AfD kann man gut ablesen, dass die neue Drehtür in der Brandmauer hauptsächlich Richtung Rechts genutzt wird.

Umso gefährlicher, in einer solchen Zeit als Regierung zu beschließen, der Bundeszentrale für politische Bildung die Mittel massiv zu kürzen. Das ist, als wäre die Demokratie gestolpert und würde sich als Reaktion darauf die Schnürsenkel beider Schuhe zusammenbinden. Gefährlich, denn zum Beispiel sagte der AfD-Politiker Björn Höcke in einem Interview mit dem Wall Street Journal: »Wissen Sie, das große Problem ist, dass man Hitler als das absolut Böse darstellt.« Jedem, der auch nur einen Funken Geschichtskenntnis besitzt, sollten sich da die Nackenhaare aufstellen. Egal, ob der Haarschnitt militärisch ist oder nicht. Welche Politik uns mit der AfD erwarten würde, das verrät die Partei selbst ziemlich offen. So nannte besagter Höcke die Inklusion von Menschen mit Behinderung im Schulsystem ein »ideologiegetriebenes Experiment«. Dabei ist das Gegenteil der Fall: Die Ausgrenzung von Menschen mit Behinderung war ein ideologiegetriebenes Experiment. Und wir sind noch lange nicht fertig mit Inklusion, weder in der Bildung noch in der Barrierefreiheit noch in der Gesellschaft. Die Inklusion dann auch noch für die Überlastung der Lehrkräfte verantwortlich zu machen, ist eine perfide Verdrehung der eigentlichen Probleme im Bildungsbereich: mangelnde Infrastruktur, zu wenig Personal, fehlende Ausstattung und kaputte Schulen. Statt konstruktive Lösungsvorschläge zu machen, mit dem Finger auf Menschen mit Behinderung zu zeigen und zu sagen: »Die sind schuld«, das ist so falsch wie gefährlich.

Stichwort Überlastung der Lehrkräfte: Wir müssen irgendwie mit dem Fachkräftemangel umgehen, keine Frage. Wenn Sigmar Gabriel allerdings fordert, dass wir ja einfach alle länger arbeiten könnten, dann muss er sich schon fragen lassen, ob er sich noch daran erinnert, dass er mal Vorsitzender einer traditionellen Arbeiterpartei war. Mal abgesehen davon ist es in deutschen Krankenhäusern längst Realität, dass Ärzt*innen 24-Stunden-Schichten haben. Es ist in Deutschland tatsächlich so, dass Lkw-Fahrer*innen vollkommen zu Recht spätestens nach zehn Stunden eine Pause einlegen müssen, während Gehirnchirurg*innen mehr als doppelt so lange am Stück arbeiten dürfen. Aber hey, so ein Lkw ist natürlich auch deutlich größer als ein Skalpell im Kopf.

Deutschlands Arbeitsminister Hubertus Heil forderte als Maßnahme gegen den Fachkräftemangel etwas anderes, nämlich, dass mehr ältere Menschen arbeiten können. Ich habe sofort meine 84-jährige Oma aufs Dach geschickt, Solarpaneele installieren. Ansonsten fährt die eh nur im

Hühnerstall Motorrad. Ich weiß, das klingt gemein, denn 84-Jährige sollten eigentlich einen Gang runterschalten, ihre wohlverdiente Ruhe genießen und allenfalls einfachere Tätigkeiten ausüben, zum Beispiel die USA regieren.

Es ist schwer zu übersehen, dass wir mehr Menschen auf dem Arbeitsmarkt brauchen. Doch woher sollen die kommen? Wenn die Bund-Länder-Konferenz im November 2023 jedoch fordert, »Deutschland soll für Migranten unattraktiver werden«, spätestens dann brauchen wir uns über mangelnde Zuwanderung von Fachkräften nicht mehr zu wundern. Damit ist dann auch alles über die Integrationsbereitschaft der Regierung gesagt. Es wirkt absurd: Wir lassen Geflüchtete erst mal nicht arbeiten und schmeißen sie dann nach Möglichkeit samt ihren Familien aus dem Land, sobald es geht? Selbst dann, wenn sie hier einen Beruf ausüben, den wir dringend brauchen – und abgesehen davon, dass dieser Punkt eine Nebenrolle spielen sollte, weil Asyl im Grundgesetz und den Menschenrechten verankert ist. Dennoch: Warum verzichten wir auf diese Hilfe und schicken Menschen stattdessen in Krisenregionen zurück?

Aber es wird noch schlimmer: Täglich erleben wir ein Sterben an den EU-Außengrenzen, insbesondere auf dem Mittelmeer, aber auch an den Landesgrenzen wie in der spanischen Enklave Melilla, zwischen Polen und Belarus oder in Kroatien. Wir sehen illegale Push-Backs, bei denen das Leben geflüchteter Menschen akut gefährdet wird, unbegründete Gewalt der Grenzpolizei und hören gleichzeitig die Rede von angeblicher »illegaler Migration« – die es im Falle eines Asylantrags überhaupt nicht gibt. Vermutlich hat sich die EU die Friedensnobelpreis-Urkunde vor die Augen geklebt. So übersah man allerdings auch, dass im Sommer 2022 ausgerechnet Ungarns Präsident Viktor Orbán bei einem Urlaubsausflug in einem Schlauchboot auf dem Mittelmeer in Seenot geriet und gerettet werden musste. Oder dass sich Alice Weidel im Oktober 2023 nach Bekanntwerden einer (unbestätigten) Bedrohungslage mit ihrer Familie nach Mallorca absetzte – also über das Mittelmeer floh. Das ist dann schon höhere Ironie.

Was ich an Rechtsextremen und Neonazis immer nicht verstehe, ist dieser Punkt: Sie betonen bei jeder Gelegenheit, dass sie »stolz auf Deutschland« sind. Auf der anderen Seite verachten sie einen Großteil der Bürger*innen, weil diese angeblich »linker Mainstream« sind oder gar eine familiäre Migrationsgeschichte haben. Außerdem stören sie sich am Grundgesetz, das Gleichberechtigung, Religionsfreiheit und ähnliche Werte zementiert. Sie stören sich an der Vielfalt des Landes, an der Wissenschaft, an den »linken Intellektuellen«, an den international geprägten Großstädten und finden meistens auch noch das Wetter scheiße. Das wirft für mich die Frage auf: Worauf genau sind diese Menschen stolz? Auf eine einzelne Eiche im Harz? Ich fand schon immer: Wer auf sein eigenes Volk stolz sein will, sollte Imker werden. Alle anderen Wege führen zu Hass statt Honig.

Dass es in Deutschland so großartig sei für Migrant*innen, das wird von Rechten und Konservativen gerne mal als sogenannter »Pullfaktor« bezeichnet, also als Anreiz für Menschen, sich auf den Weg nach Deutschland zu machen. Die aktuellen Studien der Migrationsforschung allerdings entlarven die angeblichen »Pullfaktoren« als Populismus mit veralteter Grundlage. Es reicht aber auch, einmal mit der Ausländerbehörde zu tun zu haben. Dort zieht man dir den Zahn mit dem »Pullfaktor« ganz schnell, Friedrich, dann brauchst du auch nicht mehr zum Zahnarzt.

Es säße wohl niemand außer Viktor Orbán in Schlauchbooten auf dem Mittelmeer ohne die EU-Richtlinie 2001/51/EG. Gemäß dieser EU-Richtlinie haften die Fluggesellschaften, wenn Passagiere im Zielland wegen fehlender Papiere abgewiesen werden. Das macht es Asylbewerber*innen so gut wie unmöglich, in die EU zu fliegen, selbst wenn viele von ihnen das Geld hätten. Denn die Fluggesellschaften wollen natürlich dieses Risiko nicht eingehen und nehmen folglich niemanden ohne Visum mit. Das ist der konkrete Grund, warum überhaupt so viele Menschen in den Booten sind und dieses tödliche Risiko auf sich nehmen: Die Verantwortung für das Sterben auf dem Mittelmeer liegt zu einem großen Teil bei unseren Gesetzen – und damit am Ende auch bei uns, die wir die gesetzgebenden Instanzen hier wählen. Das muss uns klar sein – ebenso wie die Tatsache, dass wir etwas ändern können.

Der Bautzener CDU-Landrat Udo Witschas hat da vermutlich eine andere Haltung zu. In seiner Weihnachtsbotschaft 2022 sagte er, dass Geflüchtete in seinem Landkreis weder in Turnhallen noch in Wohnungen untergebracht werden dürfen. Wo denn dann, frage ich mich? Im Stall vielleicht, in einer Krippe zwischen Ochs und Esel? Eine interessante Weihnachtsbotschaft, die Herr Witschas da hatte. Kurz darauf gab es in Berlin an Silvester Randale. Als sich herausstellte, dass sehr viele der Randalierer*innen einen deutschen Pass hatten, stellte die CDU eine Anfrage, um die Vornamen dieser Menschen zu erfahren. Was sanft die Frage aufwirft, wozu die CDU diese Vornamen braucht, da es nach dem Grundgesetz keinen Unterschied machen darf, ob jemand Martin oder Yemaya heißt. Trotzdem sind in anderem Kontext solche Anfragen bereits gestellt worden. So kam heraus, dass in Berlin bei Messerangriffen der häufigste Vorname der Täter Christian war. Ob wir jetzt deswegen unseren aktuellen Finanzminister abschieben müssen, stand nicht dabei.

Wie die Politik mit dem Thema Klimaschutz umgeht, habe ich im Klimakapitel schon angerissen, aber ich möchte noch einmal kurz auf die Sektorenziele des Klimaschutzgesetzes zurückkommen. Das Problem vor allem, dass das Verkehrsministerium krass unzureichende Pläne zur Einsparung von CO_2 vorgelegt hatte. Dabei wäre es so einfach gewesen: Man hätte das 9-Euro-Ticket konsequent weiterführen können, gegenfinanziert durch die Streichung fossiler Subventionen. Oder ein Tempolimit. Aber nichts dergleichen stand im Papier des Verkehrsministeriums. Man könnte jetzt erwarten, dass der Bundeskanzler als Chef dieser Regierung getobt hätte ob der anmaßenden Haltung von Wissings Ministerium gegenüber den Sektorenzielen und dem Expert*innenrat zum Klimaschutzgesetz. Dann würde man aber sehr, sehr falsch liegen. Stattdessen wurden einige Monate später die Sektorenziele aufgeweicht und damit eine Lücke in das Gesetz eingebaut, durch die seitdem in großen, großen Mengen CO_2 entweicht. In die entstandene Leere strömt stattdessen reine und pure Politikverdrossenheit, weil den Menschen das Gefühl gegeben wird, dass Berufspolitiker*innen im Zweifel komplette Narrenfreiheit genießen. Klassische Lose-Lose-Situation.

Dagegen gingen und gehen natürlich auch Menschen auf die Straße. Demonstrationen und Proteste sind Formen demokratischer Beteiligung und damit ein hohes Gut in unserem Land. Was uns deshalb guttäte, wäre ein anderer Umgang mit Protestkultur. Das ist hierzulande ein massives Problem: Menschen streiken, weil sie unter ausbeuterischen Bedingungen arbeiten sollen. Und dann ist der Rest der Bevölkerung wütend. Aber nicht auf die bestehenden Verhältnisse, sondern auf die Streikenden. Als wären sie es, die die Notbremsung des Betriebs erforderlich machen. Ähnliches gilt auch für Klimaaktivisti, die oft nicht mehr fordern, als dass die Regierung sich an ihre eigenen Klimaschutzgesetze hält. Das ist so radikal wie eine Tennissocke. Wenn wir etwas ändern wollen, müssen wir all jene supporten, die etwas verändern wollen. Überdenken wir unsere Haltung, nach der Protest nur akzeptabel ist, wenn es gerade bequem ist, Streik nur dann, wenn er nicht stört, Aktivismus nur dann, wenn er gefällig ist, und politische Statements nur dann, wenn sie nicht provozieren. Und Weltuntergang bitte nur bis 22 Uhr, danach ist Nachtruhe.

»Die CDU bekennt sich ohne Wenn und Aber zum Sozialstaat«, schrieb Friedrich Merz im August 2023 auf der Social-Media-Plattform X und fuhr fort: »Aber der lässt sich schlecht aufrechterhalten, wenn immer mehr Leistungen versprochen werden, ohne eine Gegenleistung zu verlangen[7].« Bevor wir inhaltlich auf diese Aussage eingehen, möchte ich kurz meiner Begeisterung Ausdruck verleihen, dass Herr Merz sich »ohne Wenn und Aber« bekennt, aber sofort der nächste Satz »wenn« und »aber« enthält. Darauf muss man erst mal kommen. Wie es jedenfalls nicht weitergehen kann: In unserem Land können aktuell schwangeren, alleinerziehenden Frauen die Sozialleistungen gestrichen werden, weil der Kindsvater gegen Regeln verstoßen hat. Wie schon erwähnt: Das sind unsere Regelungen, auch, wenn wir sie vielleicht nicht selbst gemacht haben. Aber es liegt in unserer Macht, Politiker*innen zu wählen, die andere Regeln einführen. Und wenn wir grade dabei sind, sollten wir als reiches Land auch imstande sein, etwas Besseres gegen Kinderarmut vorzubringen, als das Fragment einer Kindergrundsicherung, das uns im Sommer 2023 als Kompromiss dargereicht wurde. Was ist los in einem Land, in dem Kindergärten 2022 ein Budget von 3,4 Milliarden Euro hatten und der Straßenbau 8,4 Milliarden? Und das, obwohl wir einen massiven Mangel an Kita-Plätzen haben und die staatliche Förderbank KfW berechnet hat, dass in diesem Bereich über zehn Milliarden Euro an Investitionen fehlen. Und ja, fehlende Betreuungsangebote halten Menschen davon ab, Kinder in diese Welt zu setzen. Aber hey, Hauptsache, es ist genug Geld für Straßenbau eingeplant. Na klar. Wird demnächst die A100 unsere Rente bezahlen?

Je größer die Krisen und Herausforderungen, umso weniger wirksam sind oberflächliche Veränderungen am Status, die zu wenig mehr taugen als zu einer gut klingenden Schlagzeile. Ihre Wirkung ist verpufft, bevor die Druckerschwärze trocken ist. Wir müssen uns trauen, offen darüber zu sprechen, wie wir auf systemischer Ebene ansetzen können. Lobbybasierte Demokratie und neoliberales Marktdenken haben die Welt offensichtlich nicht von ihren Problemen befreit. Die unsichtbare Hand des Marktes zeigt uns regelmäßig den Mittelfinger. Wir brauchen neue Ideen.

Die Guillotinen können wir dieses Mal meinetwegen im Keller lassen. Demokratie ist eine gute Sache, Gewaltenteilung und freie Presse als »vierte Gewalt« ebenso, weil sie in der Lage sind, sich gegenseitig zu korrigieren. Es darf nicht nur eine hohle Phrase sein, wenn wir von *checks and balances* reden. Unsere Gesellschaft und der Staat sind dynamische Prozesse und wie alles auf dieser Welt sollten sie in der Lage sein, sich neuen Umständen anzupassen, fehlerhaftes Vorgehen zu erkennen und zu korrigieren und insgesamt für eine gerechte, friedliche und offene Gesellschaft zu sorgen. Warum klingt das wie einer der vernebelten Träume eines Hippies?

Wir sehen doch, wie der Wachstumswahn, die Vermehrung von Macht, die Ungleichverteilung von Ressourcen und die Jagd nach Geld aus purem Selbstzweck uns in Richtung Abgrund manövrieren – zumindest fast alle von uns. Dass wir bei einem Planeten mit endlichen Ressourcen nicht unendlich weiterwachsen können, ist eine banale Erkenntnis. Wie also erreichen wir eine Politik, die Kreislaufwirtschaft, Nachhaltigkeit, soziale Gerechtigkeit, Chancengleichheit und Menschenrechte für alle ermöglicht? Die Fronten sind verhärtet und das ist fatal. Lasst uns die Visiere öffnen und über unsere Möglichkeiten sprechen. Dazu müssen wir zunächst einmal erkennen: Es gibt Möglichkeiten.

Besonders eindrückliche Beispiele gibt es aus Städten wie La Plata in Argentinien, Porto Alegre im Süden Brasiliens oder Torres in Venezuela – einige prominente Beispiele für Städte mit Bürgerhaushalten, einer besonderen Form der partizipativen Demokratie. Dabei entscheiden tatsächlich Versammlungen von Bürger*innen über die Verwendung eines großen Teils des städtischen Haushalts mit. Von außen betrachtet ist es wenig überraschend, dass diese direkte Beteiligung dazu führt, dass die Menschen bestärkt werden, an das Funktionieren der Demokratie zu glauben. In Deutschland gibt es mit Bürgerbudget und Bürgerjurys in einer wachsenden Anzahl von Städten eine Art Light-Version dieses Ansatzes. Ich würde ja sagen: Alles, was mehr Menschen dafür interessiert, sich mit den politischen Abläufen zu befassen, sich einzubringen und sich mit den Themen auseinanderzusetzen, ist gut und richtig. Es minimiert mindestens mal die Chancen von Hetze und Populismus. Dazu ist es gar nicht notwendig, dass wir uns alle auf nationaler oder internationaler Ebene einbringen. Es ist vielleicht auch gar nicht immer relevant, was Siggi Kotlewski aus Gelsenkirchen-Buer über den Nahost-Konflikt denkt. Aber es ist überaus relevant, was Siggi darüber denkt, dass die Kita am Ende seiner Straße abgerissen werden soll, weil da ein Parkhaus hingeklotzt werden soll. Denn wenn wir uns alle einbringen mit dem Fokus darauf, was wir tatsächlich verändern und verbessern können, wenn wir wieder lernen, miteinander zu diskutieren, uns gegenseitig zu informieren und Standpunkte und Haltungen zu vergleichen, um eine gemeinsame Lösung zu finden, dann klappt es auch mit den Sektorenzielen. Ohne Wenn und Aber.

ERNÄHRUNG

*Eine Gesellschaft gelingt,
wenn alte Menschen Bäume pflanzen,
in deren Schatten sie niemals sitzen werden.*

Ich stehe beruflich und sehr gerne auf Bühnen – bei Shows, Lesungen oder auch in Talkrunden. Als ich während der Pandemie kaum noch auftreten konnte, habe ich jedoch nicht lange überlegen müssen, wohin mit mir, um ein Publikum zu finden und mit Menschen in Kontakt zu treten. Ich fing an, täglich Beiträge in Facebook, Instagram & Co zu schreiben. Ich dachte, wenn ich meine Meinung ins Internet schreibe, lerne ich bestimmt ein paar nette Menschen kennen. Das Ergebnis wich von meiner Erwartung leicht bis mittelstark ab.

Dabei hatte ich mich bemüht und Beiträge über Themen verfasst, die gerade für alle relevant waren, zum Beispiel schrieb ich über Impfungen. Und zwar nicht einfach so, ich habe davor natürlich recherchiert, was denn andere so zu dem Thema schreiben. So fand ich im Telegram-Kanal »Alles außer Mainstream« einen Beitrag, den der bekannte Querdenken-Arzt Bodo Schiffmann teilte. Es ging darum, dass die Impfungen unfruchtbar machen und dass diese Unfruchtbarkeit dann sogar vererblich sei. Das fand ich einigermaßen erstaunlich. Deshalb stellte ich dazu öffentlich die Frage »Wie?«. Das erwies sich als äußerst effizient: Drei Buchstaben reichten und ich hatte tausend neue Freunde, die mir Kommentare und Nachrichten schrieben, alle emotional sehr bewegt. Als Autor war ich sehr beeindruckt von der Wirkung eines einzelnen Wortes. Ich begann mich umzuschauen, ob es vielleicht auch andere Wörter gibt, die für sich allein genommen die Lesenden oder ein Publikum elektrisieren könnten. Und ich wurde reichlich fündig.

Tempolimit.

Sagt man das auf einer Bühne in Deutschland, entsteht im selben Moment ein spannungsgeladenes Knistern in der Luft. Oder: *Gendern.*

Sofort rutschen alle nervös auf ihren Stühlen hin und her. Aber es gibt ein noch krasseres Wort. Vielleicht das krasseste Wort, dass man einfach mal so in einen Raum werfen kann: *vegan.*

Ein Wort, sie zu knechten, sie alle zu finden, ins Dinkel zu treiben und ewig zu binden.

Keine Sorge, ich bin kein knallharter Veganer mit Sendungsbewusstsein. Ich bin da nicht dogmatisch. Ich ernähre mich so vegan wie möglich, aber ganz manchmal esse ich noch Käse, Quark oder reiche Leute. Aber warum rede und schreibe ich dann über vegane Ernährung? Nun ja, ich finde einfach erstaunlich, wie über das Thema gesprochen wird. Nämlich gar nicht. Wusstet du, dass aktuell 4 Prozent aller Säugetiere in Freiheit leben? 96 Prozent aller Säugetiere auf diesem Planeten sind tatsächlich wir und unsere

Nutztiere. Und welche davon wir essen und welche nicht, ist wirklich ein bisschen *random*, oder?

In Deutschland isst man gerne Rind oder Schwein, aber auf keinen Fall einen Hund, denn Hunde sind unsere Freunde. Kühe sind nicht unsere Freunde.

Wenn man einem Hund einen Befehl wie »Sitz!« oder »Platz!« gibt, macht der das sofort – und das ist für mich Freundschaft. Darum gibt es in Niedersachsen auch eine Splittergruppe von Veganer*innen, die Kühen das Apportieren beibringen.

Im Hinduismus hingegen sind Kühe heilig, ihr Sanskritname ist *aghnya*, die Unantastbare. Einige islamische Herrscher, die Feldzüge nach Indien unternahmen, sollen angeblich Kuhherden vor sich hergetrieben haben, damit die Hindus sie nicht angreifen konnten. Das klingt vielleicht absurd, aber stellt euch vor, bei uns marschiert eine Armee ein, die umgeben ist von 10 000 Hundewelpen. Wir hätten keine Chance.

Auch im Islam ist der Fleischverzehr reguliert: In Sure 6, Vers 145 wird ein Verbot ausgesprochen, Schweinefleisch zu verzehren, denn es sei unrein. Ob sich jemals zwei Armeen gegenüberstanden, die sich gegenseitig nicht angreifen konnten, weil die einen Kühe und die anderen Schweine um sich scharten, ist nicht überliefert. Aber wenn man so den Weltfrieden erreichen könnte, ach, wie schön wäre das. Und vegan. Da war es wieder, das »böse« Wort. »Aber Fleisch ist ein Menschenrecht«, rufen da manche Leute. »Na klar«, rufe ich zurück. Denn wer kennt sie nicht, die dreißig Menschenrechte der Vereinten Nationen: Freiheit und Gleichheit an Würde und Rechten, Schutz vor Diskriminierung, Recht auf Leben, Verbot von Sklaverei und Folter, Anerkennung als Rechtsperson, Gleichheit vor dem Gesetz, Rechtsschutz, faire Verfahren, keine willkürlichen Inhaftierungen, Unschuld bis zum Beweis des Gegenteils, Recht auf Privatleben, Bewegungsfreiheit und Asyl, Recht auf Staatsangehörigkeit, Familiengründung, Eigentum, Gedanken-, Gewissens- und Religionsfreiheit, Meinungsfreiheit, Recht auf friedliche Versammlung, Demokratie, soziale Sicherheit, Recht auf Arbeit, Freizeit, Essen, Unterkunft und ärztliche Versorgung, Bildung, ich sag das noch mal: Bildung, Recht auf Kultur, Urheberrecht, soziale und internationale Ordnung, das Recht auf Menschenrechte und das Recht auf 17 Zwiebelmettbrötchen pro Woche. Muss man wissen.

»Aber Fleisch muss billig sein, damit es sich alle leisten können.«

Sag mir mal einen guten Grund, warum soziale Gerechtigkeit herbeigeführt werden muss durch Käfighaltung von Sauen, Ferkelkastrationen ohne Betäubung und ausgebeutete Billigarbeitskräfte? Wäre es nicht eventuell eine bessere Idee, Superreiche und Großkonzerne konsequent zu besteuern, davon ein bedingungsloses Grundeinkommen einzuführen und dann könnte jede*r locker 50 Cent mehr pro Pfund gemischtes Hack bezahlen?

Aber es scheint schwierig zu sein und zu bleiben. Tönnies hatte während der Pandemie osteuropäische Arbeitskräfte in seinen Fleischfabriken so eng zusammenarbeiten und wohnen lassen, dass es zu massenhaften Corona-Ausbrüchen kam. Den Mindestlohn dribbelte Tönnies aus, indem die Mitarbeitenden zum Beispiel ihr Arbeitsgerät von ihm mieten mussten und so am Ende deutlich weniger als Mindestlohn übrigblieb. Als zu Beginn des russischen Angriffskriegs Menschen in Scharen aus der Ukraine flohen, standen bald Anwerber von Tönnies hinter der Grenze und boten an, die Kriegsflüchtlinge in ihre Obhut zu nehmen – sofern sie im Gegenzug Frondienste in den Fleischfabriken leisteten. Sensibilität und Empathie – klassische Metzgerqualitäten.

In der Sat1-Doku *Inside Tönnies 2* ging es 2023 um Hygieneskandale, Ekelfleisch und sexuelle Übergriffe innerhalb der Firma. Man könnte meinen, engagierte Tierrechts-Aktivisten wie Clemens Tönnies greifen zu immer extremeren Mitteln, um das System »Fleisch« von innen zu zersetzen. Aber er scheint noch nicht krass genug zu sein. Über Veganismus redet weiterhin kaum jemand.

Gut, eine Ausnahme gibt es: Markus Söder. Der hat 2023 damit Wahlkampf gemacht, dass er sich gegen eine angebliche »Zwangsveganisierung« Bayerns einsetzt! Endlich sieht das mal jemand. Man kennt das ja, wenn Veganer durch bayrische Fußgängerzonen schleichen und Menschen die Weißwurst aus der Hand schlagen, sie zu Boden ringen und ihnen per Trichter Tofu in den Magen pumpen. Markus Söder redet auch gerne darüber, dass die EU jetzt einige Käfer als Nahrungsmittel zugelassen hat. Und die Idee dahinter, so Söder, sei sicher, dass »die Veganer« sich das ins Essen mischen können, damit die auch ihre tierischen Proteine kriegen. Na logisch. Auf den Gedanken, dass vegane Menschen komplett auf tierische Lebensmittel verzichten, aber für einen frisch frittierten Schmetterling eine Ausnahme machen, kann auch nur jemand kommen, der sich lautstark gegen die Legalisierung von weichen Drogen einsetzt – bei einer Rede in einem Bierzelt. Ja, Prost.

Da kann man mal ausblenden, dass das Bundesgesundheitsministerium von 74 000 Alkoholtoten in Deutschland pro Jahr ausgeht. Aber Cannabis ist natürlich auch kein Brokkoli, wie Daniela Ludwig von der CSU mal sagte, die war damals Drogenbeauftragte der Regierung. Ja, das stimmt, dachte ich damals, Cannabis ist kein Brokkoli, denn Cannabis schmeckt lecker. Aber es stimmt natürlich auch, dass Cannabis nicht komplett ungefährlich ist. Darum hat der CSU-Vorsitzende Alexander Dobrindt einmal die Parole ausgegeben: »Kinder statt Cannabis!« Hat er wirklich gesagt. Und mir hat das gleich eingeleuchtet. Ich weiß nur nicht, wo man so große Blättchen herkriegt. Das wäre auch eh nicht vegan.

Es gibt tatsächlich Drogen, die nicht vegan sind. Beispielsweise die Colorado-Kröte, an der angeblich Menschen lecken, denn sie hat ein halluzinogenes Körpersekret. Aber wenn du mich fragst: Das ist doch eine Scheißdroge. Diese zehntausend Arten von Fröschen und Kröten, die sehen sich doch alle total ähnlich. Ich renn jedenfalls nicht an einem Samstagabend stundenlang im Biotop rum und leck an 50 Kröten, bis ich eine gefunden habe, die knallt. Da rauch ich lieber gleich einen Fünfjährigen.

Aber zurück zum Thema Ernährung: Kürzlich war im Spiegel ein Artikel darüber, ob es erlaubt ist, Rinder auf der Weide zu erschießen oder ob man diese nur im Schlachthof töten sollte. Bereits in der Überschrift wurde klar, dass es eine Frage des Tierwohls sei. Ich kommentierte das mit der Frage, ob es dem Tier nicht eventuell am wohlsten sei, wenn es überhaupt nicht erschossen wird. Das wiederum brachte einige Menschen aus der Fassung, einer schrieb mir dann: Wenn wir keine Tiere schlachten würden, gäbe es weniger Tierhaltung, es würde sehr viel weniger Kühe geben – ich sei also moralisch auf der falschen Seite, da ich den Kühen das Existenzrecht absprechen würde. Ja, wie gütig von uns, dass wir Lebewesen zeugen lassen, um sie in zu kleine Käfige einzusperren, sie zu mästen, ihnen den Nachwuchs sofort nach der Geburt wegzunehmen und ihre Körper auszumergeln. Das alles hätten diese armen Wesen verpasst, wenn wir sie nicht am Ende fesseln, in den Kopf schießen, kleinhacken, ihre Muskeln pürieren und diese in ihren eigenen Darm pressen würden, um sie dann auf einem Volksfest als Bratwurst zu essen. Da hätte die Kuh ja richtig was verpasst.

Erstaunlich viele Menschen, die Fleisch essen, betonen stets, dass sie darum nur Fleisch vom lokalen Biobauernhof essen. »Erstaunlich viele« schreibe ich, weil aktuell 98 Prozent des Fleisches, das in Deutschland verzehrt wird, aus Massentierhaltung kommt. Wenn das zusammenpassen soll, müssen eindrücklich viele lokale Biobauernhöfe unsichtbare Legebatterien und Schweinekäfige betreiben. Oder es ist doch was dran an der Hypothese, dass der Mensch unübertroffen darin ist, sich selbst zu überlisten. Ich persönlich glaube eher an die unsichtbare Legebatterie. Aber vielleicht überliste ich mich da auch nur wieder selbst.

Über einen weiteren Aspekt habe ich noch gar nicht gesprochen, nämlich über den Zusammenhang zwischen Ernährung und Klimaschutz. Damit wäre leicht ein eigenes Buch zu füllen, darum haben das auch schon zahlreiche

Autor*innen vor mir gemacht. Unstrittig ist, dass Tierhaltung negative Auswirkungen aufs Klima hat. Zumindest unstrittig außerhalb der Hochglanz-PR-Videos der Fleischlobby. Dass Kühe massenhaft Methan ausstoßen und dieses zwanzigmal klimaschädlicher ist als CO_2, wird gerne ausgeblendet. Ebenso der Umstand, dass über 80 Prozent des weltweit produzierten Sojas als Tierfutter verwendet wird. Wer hätte gedacht, dass es gar nicht der vegane Tofu ist, der für die Rodung großer Regenwaldflächen zum Soja-Anbau verantwortlich ist, sondern doch wieder die Bratwurst? Na ja, jeder Mensch, der sich länger als fünf Minuten mit dem Thema beschäftigt.

Jetzt habe ich doch wieder so viel über Ernährung gesprochen, dass es mir wichtig ist zu wiederholen: Ich will hier niemanden bekehren. Das bleibt die Entscheidung jedes einzelnen Menschen. Es geht mir nur darum, ein paar Fakten neben den Teller zu legen. Den Gedanken daran, wo das eigene Essen herkommt, den sollte man wohl aushalten können. Oder halt überlegen, ob man nicht vielleicht doch etwas ändert. Stellt euch doch mal eine Welt vor, in der Mensch und Tier friedlich koexistieren. In der 100 Prozent aller Säugetiere in Freiheit leben, sogar wir selbst. Stellt euch mal vor, wir alle ernähren uns gesund. Gönnen uns manchmal auch etwas besonders Aufwändiges oder zwischendurch süße, salzige oder gar süßsalzige Snacks. Es ist immer genug Essen für alle Menschen auf der Welt zugänglich. Und dafür müsste nicht mal ein Tier leiden, die Umwelt würde nicht dauerhaft beeinträchtigt, es wäre nachhaltig, ein Kreislauf und wir ein natürlicher Teil davon. Regelrecht im Einklang mit der Welt und uns selbst und unseren Bedürfnissen. Das wäre doch mal ein erstrebenswertes Ziel, oder?

Es ist eine persönliche Entscheidung, was man isst. Dennoch sollte man neben moralischen Erwägungen zumindest auf dem Schirm haben, dass tierische Produkte unglaublich ineffiziente Nahrungsmittel sind, die im Vergleich zu pflanzlichen Lebensmitteln ein Vielfaches an Ressourcen verbrauchen (Boden, Wasser, Futter). Ich bin da wirklich entspannt, aber mich wundert sehr, dass die Lebensmittelpreise diesen Umstand nicht wiedergeben. Das ist doch, ganz ohne Moralkeule und ohne Klimaschutz-Argument, schon aus rein wirtschaftlicher Perspektive windschief und sollte geändert werden, oder?

Was mich noch mehr bewegt, ist die Tatsache, dass wir auf einem Planeten existieren, der auf der einen Seite gigantische Überschüsse produziert. Von den vier Milliarden Tonnen Lebensmitteln, die die Menschheit jährlich produziert, wird etwa ein Drittel verschwendet – geschätzte Kosten: 750 Milliarden Dollar. Gleichzeitig geht das Statistische Bundesamt davon aus, dass im Jahr 2021 rund 768 Millionen Menschen zu wenig zu essen hatten, das sind rund 10 Prozent der Weltbevölkerung. Tendenz leider wieder steigend. Alle paar Sekunden verhungert ein Mensch. Das ist die grausame Wahrheit – und sie wird nicht besser dadurch, dass wir wissen, dass die derzeit produzierten Überschüsse ausreichen würden, damit niemand auf dem Planeten mehr Hunger leiden müsste. Die Lage wird sich durch Dürren, Überflutungen etc. in naher Zukunft noch verschlechtern, aber wir dürfen auch nicht übersehen: dass es aktuell

Hunger auf der Welt gibt, liegt nur daran, dass wir die vorhandenen Lebensmittel nicht gut verteilt kriegen. Und gut eben nicht im Sinne der Marktwirtschaft, sondern im Sinne von: Niemand sollte an Hunger sterben müssen. Wenn du mich fragst, ist dies das deutlich wichtigere Kriterium. Wenn der Satz »der Markt regelt das« bedeutet, dass Kinder verhungern, sollten wir dringend überlegen, ob wir nicht doch lieber den Markt regeln. Das nötige Essen für alle ist da und die Schritte, um das Klima zu schützen, sind dabei so klar wie der Weg, auf dem wir zu Einklang zwischen Mensch, Tier und Umwelt kommen. Wir können jetzt und hier anfangen, mit Konsumentscheidungen und, was weitaus wichtiger ist, mit Engagement von gesellschaftlicher Aufklärung bis hin zu politischem Aktivismus.

Aber, hey, macht euch darüber nicht allzu viele Gedanken. Ein paar Freund*innen und ich marschieren sowieso bald in Richtung Berlin, um dort eine vegane Ökodiktatur einzuführen. Wir sind nicht viele, aber niemand wird uns aufhalten können, denn ich habe 10 000 Hundewelpen besorgt.

ARBEIT UND LOHN

*Die meisten Menschen geben ihre Macht auf,
indem sie denken, sie hätten keine.*
Alice Walker

Krefeld liegt am linken Rheinufer und ist gewiss die schönste Stadt zwischen Rheinhausen und Tönisvorst. Das liegt nicht nur daran, dass es die einzige Stadt zwischen Rheinhausen und Tönisvorst ist, sondern auch am kreativen Bürgermeister. Dieser hatte sich vor einigen Jahren überlegt, das Betteln in der Stadt einfach zu verbieten. Armut blieb natürlich weiterhin erlaubt. In Düsseldorf, auf der anderen Rheinseite, hingegen wollte das Jobcenter einer Hartz-IV-Empfängerin die Bezüge streichen, weil sie nebenbei Pfandflaschen gesammelt hatte. Beide, Jobcenter und Bürgermeister, scheiterten mit ihren Plänen übrigens erst vor Gericht. Ich bin mir sicher, Jesus würde dem christlichen Abendland Fleißsternchen ins Hausaufgabenheft malen.

Gruselig sind inzwischen auch die Verhältnisse in der Arbeitswelt. Die Forscher Michael Norton und Sorapop Kiatpongsan befragten Menschen in 40 Ländern, was ihrer Meinung nach ein gerechtes Verhältnis zwischen dem Gehalt des obersten Chefs (CEO) und ungelernten Arbeiter*innen wäre. Im Schnitt vermuteten die Befragten, dass der reale Unterschied etwa beim Zehnfachen liege – was etwa doppelt so hoch war wie der Unterschied, den sie als gerecht empfanden. Tatsächlich waren diese Größenverhältnisse noch vor wenigen Jahrzehnte in etwa zutreffend. Doch ungefähr seit Beginn der 1980er wächst diese Differenz. Und sie wächst gewaltig. Die Hans-Böckler-Stiftung hat ermittelt, dass das Verhältnis in den DAX-Unternehmen im Jahr 2005 beim 42-Fachen lag und 2017 schon beim 71-Fachen. Tendenz stark steigend. Aber selbst das ist geradezu lächerlich, wenn man es mit den USA vergleicht, wo Andrew Jassey, der CEO von Amazon, aktuell das 6474-Fache des Gehalts vieler seiner Mitarbeitenden erhielt. Was für Superkräfte hat dieser Mann? Kann der Laser aus den Augen schießen, ganze Häuser hochheben, schneller als der Wind rennen oder gar Millionen Mitarbeitende gleichzeitig ausbeuten? Eine Etage höher sieht es noch wilder aus: Einem Oxfam-Report zufolge hätte der Amazon-Gründer Jeff Bezos Ende 2020 dank der enormen Gewinnsteigerung im ersten Corona-Jahr allen (!) rund 800 000 Amazon-Mitarbeitenden einen Bonus von 100 000 Euro aus seinem Privatvermögen auszahlen können – und hätte danach immer noch genauso viel Geld gehabt wie vor der Pandemie. Stattdessen arbeiten in den Packzentren und Lieferfahrzeugen weiterhin alle zumindest in Sichtweite des Mindestlohnes. Man kann vieles bei Amazon bestellen, aber anscheinend noch keine Verhältnismäßigkeit.

Wenn ich bedenke, dass es auf dem Weg zu enormem Reichtum offensichtlich nicht nur notwendig ist, dass man seine Mitarbeitenden unfair entlohnt, sondern auch, dass man massiv direkt und indirekt auf Ressourcen zugreift, die allen gehören sollten (Infrastruktur, Land, Wasser usw.), dann halte ich es für überaus wichtig, dass wir regulierend eingreifen. Oder wenigstens mal alle Steuerschlupflöcher schließen und direkte und indirekte Subventionen für Milliardenkonzerne beenden. Nicht, dass jemand den armen Reichen nachher vorwirft, »Sozialschmarotzer« zu sein.

Welche Arbeit wie wichtig für die Gesellschaft ist, kann man gut daran ablesen, was passiert, wenn sie nicht mehr gemacht wird. Ein längerer Streik im Pflege- und Sozialbereich legt das Land lahm. Aufgrund der komplexen Arbeitgeberstrukturen sind größere Streiks in diesem Bereich selten, was angesichts der niedrigen Löhne verblüffen mag. Zumal die Öffentlichkeit es gerne mal für ausreichend hält, als Gegenleistung für die Aufrechterhaltung der Gesundheitsversorgung gelegentlich vom Balkon aus zu klatschen. Applaus ist schließlich das Brot der Pflegekraft, weiß man ja. Immerhin gibt es auch positive Beispiele wie den Streik an sechs Uni-Kliniken in Nordrhein-Westfalen 2022. Medial weitgehend ignoriert, haben die Beschäftigten dennoch krasse 77 Tage Streik erfolgreich durchgezogen, um dem Arbeitgeber den neuen Tarifvertrag »Entlastung« abzuringen. Ähnliches war zuvor der sogenannten Berliner Krankenhausbewegung gelungen. Noch liegen die Dinge nicht überall gut, aber Verbesserungen sind möglich und Arbeitskampf macht einen Unterschied.

Was aber passiert bei einem Streik der Banken? Das kommt zwar noch seltener vor, womöglich wegen der hohen Gehälter und prallen Boni, aber es gibt ein prägnantes

Beispiel: den irischen Bankenstreik von 1970. Da dieses Phänomen in der modernen Geschichte zum ersten Mal auftrat, wurden seine Auswirkungen gründlich untersucht.

In Anbetracht der Tatsache, dass wir in den Finanzkrisen der letzten Jahrzehnte ziemlich viel Geld in angeblich systemrelevante Banken gepumpt haben, kam Erstaunliches heraus: Der Bankenstreik führte nicht zu einem Zusammenbruch des Wirtschaftssystems oder der Geldversorgung, es resultierte daraus keine Massenarbeitslosigkeit, keine schwere Rezession, nichts dergleichen. Die Folgen waren geringfügig und überschaubar, an vielen Stellen half sich die Bevölkerung gegenseitig über entstandene Engpässe hinweg. Nach einem halben Jahr machten die Banken im November 1970 einfach wieder auf.

Wenn ich Slogans höre wie »Leistung muss sich lohnen« und Politiker*innen gleichzeitig gegen eine Erhöhung der Sozialhilfe sind, wundere ich mich schon. Wenn die Löhne seit einigen Jahrzehnten kaum steigen, die Umsätze aber schon, wo geht das ganze Geld dann hin? Wer schöpft die Gewinne ab? Die Sozialhilfeempfänger? Wohl kaum, die leben nach wie vor an der Armutsgrenze, daran hat sich wenig geändert. Was bewegt wohl einen CDU-Vize wie Carsten Linnemann dazu, öffentlichkeitswirksam eine »Jobpflicht« für Arbeitslose zu fordern? Im ersten Moment fand ich »Jobpflicht« ein seltsames Wort und fragte mich, warum Linnemann nicht das Wort »Zwangsarbeit« verwendet hat. Mir ist die Antwort dann aber selbst eingefallen.

Was haben wir denn auch für einen verqueren Begriff von »Leistung«? Leistet die Arbeiterin am Fließband so wenig, dass sie abends noch putzen geht und trotzdem das

Gehalt beim Jobcenter aufstocken muss, damit es irgendwie zum Leben reicht? Und dann darf sie sich in Talkshows anhören, wie Porsche fahrende Politiker erklären, dass Reiche möglichst wenig Steuern zahlen sollten, weil sie mit ihrem Vermögen ja neue, großartige Arbeitsplätze schaffen würden. Ja, vielleicht, wenn »Arbeitsplatz« der Name ihrer neuen, großartigen Superjacht ist. Die Theorie, Firmenchefs mehr Geld zu geben, weil das dann automatisch »unten« in der Gesellschaft ankommt, heißt (wir haben im Omnikrisen-Kapitel schon drüber gesprochen) Trickle-Down-Effekt, weil das Geld angeblich nach unten tröpfelt. Nenn mich Newton 2.0, aber es ist doch recht offensichtlich, dass Geld nicht der Gravitation unterliegt, sondern eher immer nach oben steigt – zu denen, die eh schon mehr haben als alle anderen. Beim Rest versucht man, den Mindestlohn zu umgehen, übrigens auch und insbesondere in Werkstätten für Menschen mit Behinderung. Oder man versucht, Menschen mit Druck und Zwang irgendwie in Fachkräfte zu verwandeln.

Doch Zwang wird uns nicht helfen. Es ist genau umgekehrt: Wenn wir mehr gut ausgebildete Menschen auf dem Arbeitsmarkt haben wollen, dann müssen wir etwas gegen soziale Ungleichheit unternehmen. Denn Motivation durch möglichen wirtschaftlichen Erfolg nützt exakt gar nichts, wenn man aufgrund externer Faktoren, wie zum Beispiel Armut, weniger Chancen auf eine gute Ausbildung hat als Gregor Gysi auf Dreadlocks.

Wer in Armut aufwächst, hat nachweislich deutlich schlechtere Chancen auf eine gute Bildung und berufliche Perspektiven. Eine Umverteilung oder gar ein bedingungsloses Grundeinkommen für alle würde diese Lücke schließen und allen eine Perspektive geben. Indirekt würden wir alle dadurch gewinnen. Ganz abgesehen davon, dass in einem so reichen Land wie Deutschland niemand in Armut leben müsste. Im Kapitel über die Ernährung habe ich bereits dargelegt, dass dieser Planet bei gerechter Verteilung und nachhaltiger Bewirtschaftung locker genug Ressourcen für alle Menschen hat.

Rechte Populist*innen werden jederzeit so reden, als würden sie in der Krise zu den einfachen Menschen halten und sich um diejenigen kümmern, die unter der Politik der Regierung leiden. Nur: 2023 ergab eine Studie des Deutschen Instituts für Wirtschaftsforschung, dass AfD-Wähler*innen am stärksten unter der Politik der AfD leiden würden, wenn diese an die Macht käme. Wie das aussehen kann, ist aktuell leider in Italien zu beobachten. Dort teilte Ende Juli 2023 die Regierung Meloni 169 000 Menschen mit, dass sie ab dem 1. August keine Sozialhilfe mehr erhalten werden. Per SMS. Und weitere noch drastischere Kürzungen werden folgen. Gleichzeitig macht es die italienische Regierung wieder legal, dass Konzerne Menschen anstellen, ohne Sozialabgaben zu bezahlen. Das soziale Netz streichen und der Ausbeutung der arbeitenden Bevölkerung Tür und Tor öffnen – das ist die Wirklichkeit der rechtspopulistischen Regierung in Italien. Sie klingt definitiv anders als die Wahlversprechen. Und ich fürchte, ein solches Erwachen droht allen Protestwähler*innen.

Unzufrieden mit der aktuellen Politik darf man trotzdem sein – man sollte es sogar an vielen Stellen. Im Winter der Energiekrise 2022/2023 schlug Wolfgang Schäuble vor, dass wir alle zwei Pullover tragen könnten, um hohe Heizkosten zu vermeiden. Ein zweiter Pullover gegen die Kälte, na klar, danke, heiliger Sankt Wolfgang. Rabimmel, rabammel, rabumm. Baden-Württembergs Ministerpräsident Kretschmann legte noch einen drauf und wies darauf hin, dass man ja nicht immer duschen müsse, manchmal reiche auch ein Waschlappen. Daniel Günther von der CDU sagte, dass wir alle die Heizungen runterdrehen sollen. Alles großartige Tipps. Ich habe das noch ganz anders gemacht: Wenn mir im Winter 2022 kalt war, habe ich einfach das Fenster geöffnet, denn an Silvester waren es eh vollkommen unbedenkliche 20 Grad draußen. Und wenn das nicht reichte, habe ich mir einfach vor Augen geführt, dass alle großen Energiekonzerne 2022 Rekordgewinne eingefahren haben. Da wurde mir sofort warm ums Herz: Selbst in der tiefsten Krise gab es Gewinner. Halt nur nicht uns. Aber man muss auch gönnen können.

Es wäre andererseits nicht besonders schwer gewesen, Krisengewinnler durch eine Übergewinnsteuer an den Kosten der Krise zu beteiligen, statt diese allein von der arbeitenden Bevölkerung tragen zu lassen. Andere Länder haben es vorgemacht, zum Beispiel Spanien. Dort wurden mit den Steuereinnahmen diverse Maßnahmen bezahlt, die wiederum allen Menschen im Land zugutekamen, etwa kostenlose Nahverkehrstickets. Im August 2022 schätzte man, dass eine Übergewinnsteuer in Deutschland 100 Milliarden Euro bringen könnte. Damit hätte man Schulen sanieren, das 9-Euro-Ticket jahrelang durchfinanzieren oder mehr als eine Billion vegane Gummibärchen kaufen können. Das ist natürlich Quatsch: Was sollten wir denn bitte mit so einem unnötigen Nonsens wie sanierten Schulen? Wäre unsere aktuelle Version von kapitalistischem Wettbewerb ein sportlicher Wettkampf, sie würde für Entsetzen sorgen: Es wäre ein Marathon, an dem halt einige mit einem steuerfrei geerbten Rennwagen mit einer Millionen PS teilnehmen dürften. Na dann, herzlichen Glückwunsch zum Sieg. Wenn wir über Superreiche sprechen, ist es vielleicht schwer vorstellbar, was es bedeutet, dass Elon Musk aktuell 235 Milliarden Dollar besitzt. Ist der damit so viel reicher als ein Millionär? Ich will es mal so verdeutlichen: Eine Million Sekunden sind elf Tage, 235 Milliarden Sekunden sind 7285 Jahre. Ich meine, wenn meine Nachbarn im Urlaub sind, kann ich gerne mal elf Tage lang ihre Blumen gießen. Aber wenn sie mir sagen, dass es deutlich länger als 7000 Jahre dauern wird, dann werde ich zögerlich.

Ein kleines Gedankenexperiment dazu: Wäre es für dich okay, wenn niemand mehr superreich und im Gegenzug auch niemand mehr superarm wäre? Was wäre, wenn wir Privatvermögen auf maximal 50 oder 100 Millionen Euro begrenzen würden und alles darüber hinaus für die Allgemeinheit und gute Zwecke eingesetzt werden müsste? Meinetwegen kriegen die, die dieses Level erreichen, eine goldene Plakette dazu und dürfen sich mit den anderen »Gewinnern« des Kapitalismus eine Jacht teilen. Und damit es eine Challenge bleibt, legen wir gesetzlich fest, dass das Gehalt eines CEOs maximal das Zehnfache eines »einfachen« Mitarbeitenden betragen darf. Was meinst du, wie schnell die Löhne auf den unteren Ebenen steigen würden, damit die Chefs sich das Zehnfache auszahlen dürfen? Im

Kapitel über Kapitalismus habe ich ja bereits über die Genossenschaft MCC gesprochen, in der die Chefetage sogar auf das Achtfache der unteren Gehälter beschränkt ist. Auch in Deutschland gibt es solche Limits – und zwar weit mehr, als man denkt. 2018 lag die niedrigste Besoldung für verbeamtete Menschen bei rund 2000 Euro, die höchste bei rund 13 000 Euro und damit beim 6,5-Fachen. Da bin ich mit meinem Vorschlag des maximal Zehnfachen doch gönnerhaft, oder?

Ich stelle mir schon länger die Frage: Kann sich unsere Gesellschaft überhaupt superreiche Menschen leisten? Es heißt dann schnell, dass diese ja auch einen Großteil der Steuern zahlen. Das ließe sich jedoch einfach lösen: Wenn die Boni und übertrieben hohen Gehälter auf die Mitarbeitenden verteilt würden, könnten diese mehr Steuern zahlen. Angenehmer Nebeneffekt: geringere Steuern für die Chefetage. Ist also für alle was dabei.

Vielleicht ist eine fairere Verteilung auch für die Superreichen das stabilere System, immerhin dürfte das Risiko von Reibereien und Widerstand sinken. Freie Fahrt in eine guillotinenfreie Zukunft. Und hey, 100 Millionen Dollar zu haben bedeutet immer noch unfassbaren Reichtum. Und das Zehnfache eines sehr ordentlichen Gehalts erlaubt ein Leben in Saus und Braus. Besonders schön, wenn das, was da saust und braust, nicht der Gegenwind auf dem Weg nach unten ist. Vielleicht hilft es auch, sich immer wieder daran zu erinnern, dass weltlicher Besitz vergänglich ist. Eine Luxusjacht, eine glänzende Uhr, ein Sportwagen, ein eigenes X – das alles mag sich für den Moment gut anfühlen. Aber wie meine Großmutter zu sagen pflegte: »Mitnehmen kannst du eh nichts.« Was wir hinterlassen können, ist ein Engagement für eine lebenswerte Zukunft für alle Generationen nach uns. Das kann zum Glück auf vielen Wegen geschehen – und lohnt sich nicht nur wegen der goldenen Plakette, die man dafür verleihen könnte. Aber ein Egoismus, der sich auf uns selbst, unser direktes Umfeld, unsere Stadt, unser Land, unsere Religion, Hautfarbe, Vermögen oder dergleichen beschränkt, ist definitiv nicht der Weg.

Und davon abgesehen mag es zwar stimmen, dass großer Reichtum dir in einer Welt voller Krisen erst mal die schlimmsten Konsequenzen vom Leib hält. Aber Geld und Macht schützen nicht vor allen Katastrophen und sind schon gar kein Garant für ein glückliches Leben. Oder träumst du davon, hinter dicken Betonmauern in einem Luxusbunker in Sicherheit zu sein und für immer Schimmelpilzragout zu essen, weil draußen vor der Tür niemand mehr Landwirtschaft betreiben kann? Wäre so ein bisschen bewohnbare Welt und Kontakt zur restlichen Menschheit nicht doch etwas Feines? Wie wäre es also, wenn wir alle danach streben, dass möglichst viele Menschen ein möglichst gutes Leben führen können, nachhaltig, im Einklang mit unseren Bedürfnissen und der Natur und auf Wunsch auch mit einem zweiten Pullover unter der kalten Dusche.

Wir müssen zudem aus der Denke raus, dass man ist, was man arbeitet. Wenn man gerade keine Leistung bringen kann, arbeitsunfähig ist oder auch einfach eine Pause macht, ist man dann nichts mehr? Wann hat sich diese Idee denn eingeschlichen, dass sich unser Wert an der marktwirtschaftlichen Leistungsfähigkeit bemisst? Könnte es sein, dass diese Sichtweise nicht nur dem Menschen nicht gerecht wird? Sind das Suggestivfragen?

Wir arbeiten uns zu Schrott, verwechseln Geld und Glück, spalten die Gesellschaft entlang eines willkürlichen Erfolgsäquators und rennen aus Sorge vor wirtschaftlicher Not sogar krank zur Arbeit, wo wir dann alle anstecken – die sogenannte Leistungsgesellschaft scheint sich bei jeder Gelegenheit ein Bein zu stellen. Warum?

Wenn immer mehr Menschen in die Mühle geraten und sich darin physisch und psychisch kaputtarbeiten und immer mehr andere Menschen sich daraufhin von der Mühle fernhalten, dann müssen wir eventuell etwas an der Mühle ändern. Hin zu einer Welt, in der wir eine Arbeit machen, die uns gefällt, und zwar genau so lange oder kurz, wie es unseren Kapazitäten und Fähigkeiten entspricht, und dabei bedingungslos ein faires Auskommen haben. Das sollte keine Schwärmerei sein, sondern unser aller Ziel.

MEDIEN

Vor Klugheit und Wissen kommt Toleranz und Güte.
Charlie Chaplin

Während der Energiekrise im Oktober 2022 behauptete der ehemalige BILD-Journalist Julian Reichelt, dass ein Metzger für die Wurst jetzt eigentlich das Zehnfache verlangen müsse, weil der Energiepreis sich verzehnfacht habe. Das leuchtete mir sofort ein, weil ja Salami komplett aus Strom besteht. Dadurch ist sie auch vegan, weiß man ja. Es ist häufig genug spielentscheidend, wie man über etwas schreibt, welche Worte man wählt und wie oft man dabei die Sprache biegt, bis sie bricht. Bereits 2007 schrieb die Auto-BILD über »Klimaterror«. Das richtete sich nicht gegen die Letzte Generation, die es damals noch gar nicht gab. Da war sozusagen noch die vorletzte Generation am Werk. Es ging in dem Fall um eine Gruppe, die in Berlin Luxusautos und SUVs die Luft aus den Reifen ließ. Klassischer Terrorismus, dachte ich. Wer erinnert sich nicht daran, wie die RAF die Luft aus den Reifen von Regierungsfahrzeugen ließ oder wie Al-Qaida-Kämpfer sich vor dem World Trade Center auf die Straße klebten?

Die Bundeszentrale für politische Bildung wies 2023 darauf hin, dass es in Deutschland keinen Klimaterrorismus gebe, da Terror immer mit (schwerer) Gewalt verbunden sei. Jeglicher »Radikalismus« habe den Umsturz der bestehenden Verhältnisse als Ziel. Das einer Klimabewegung vorzuwerfen, die in erster Linie fordert, dass die Regierung sich an die eigenen Klimaschutzgesetze und an die in Paris international vereinbarten Klimaziele hält, finde ich ein wenig gewagt. Dann ist da noch der Vorschlag, ein Gesellschaftsrat könnte helfen, diese Ziele umzusetzen. Das ist so radikal wie ein 200-Gramm-Glas eingelegter Gurken. Eher das Gegenteil ist der Fall: Radikal wäre es, in Anbetracht der uns vorliegenden Fakten über die Klimakrise *nicht* entschlossen zu handeln, sondern eigene Gesetze zu ignorieren und mit fossilen Subventionen zukünftige Katastrophen noch aktiv zu befördern.

Die AfD-Politikerin Beatrix von Storch schrieb einst in einem sozialen Medium: »Wer nichts kann und wer nichts ist, der wird Klimaterrorist.« Ich bin mir sicher, Goethe rotiert im Grab wie ein Windrad, wenn er das hört.

Die konsequente Zuschreibung solcher Attribute wie »Klimaterrorist« ist ein klassisches Beispiel für politisches Framing: Etwas wird in einen bestimmten Rahmen gerückt und auf diese Weise tendenziös dargestellt. Ist in dem Fall zwar sehr leicht zu widerlegen, nur greift hier mal wieder die oben erwähnte Verfügbarkeitsheuristik: Menschen lesen in riesigen Buchstaben auf Titelseiten das Framing, aber die Widerlegung kriegen sie nur mit, wenn sie sich eingehender mit dem Thema befassen und auch mal andere Quellen konsultieren. Da würde man dann rausfinden, dass es in den letzten vier Jahrzehnten tatsächlich viel Terror in Deutschland gab. Allerdings war das hauptsächlich rechtsextremer Terror. Wir alle wissen von den Anschlägen in Hanau und Halle, von den Taten des NSU, von Rostock und Solingen in den frühen 1990ern und natürlich vom größten Terroranschlag in der deutschen Nachkriegsgeschichte in München 1980. Damals explodierte im Eingangsbereich des Oktoberfests eine selbstgebaute Bombe, 13 Menschen starben, 68 Menschen wurden schwer verletzt. Nach erneuter Untersuchung stellte die Bundesanwaltschaft 2020 fest, dass der Täter eindeutig rechtsextreme Motive verfolgte.

Es gab 219 Tote durch rechtsextreme Gewalt allein seit 1990, wie die Amadeu-Antonio-Stiftung nachweist. Manche rechtsextremen Gruppen planten sogar detailliert den Umsturz, wie die Reichsbürger um Heinrich XIII. Prinz Reuß, die Ende 2022 aufflogen. Sie hatten Waffen und, weil sie mit einer damaligen AfD-Abgeordneten zusammenarbeiteten, sogar Zugang zum Bundestag. Egal, wie weit sie damit gekommen wären – sie hätten definitiv viel Schaden anrichten können. Wer die Reichsbürger also als »Micky-Maus-Truppe« bezeichnet, wie Wolfgang Kubicki von der FDP, muss sich fragen lassen, was er mit dieser verharmlosenden Wortwahl bezweckt. Manchmal kann ich über Framing aber auch lachen, zum Beispiel, als Jens Spahn im Januar 2023 bei Markus Lanz saß und trocken behauptete, die CDU sei »die wahre Klimaschutz-Partei«.

Ich mag es aber auch, wenn Spitzenpolitiker*innen in den Medien fordern, dass endlich mal dieses oder jenes geändert werden müsse. Was erwarten diese Leute denn darauf für eine Antwort aus der Bevölkerung? »Na klar, Herr Bundesminister, lehn dich zurück. Ich als alleinerziehende Krankenpflegerin aus Gelsenkirchen-Bulmke erledige das für dich.«

Auf die Spitze getrieben hat das Christian Lindner, als er im Juni 2022 öffentlich weniger Steuern und mehr Überstunden forderte. Da habe ich gedacht: Mein lieber Christian, du bist Finanzminister, das ist exakt dein Ressort, reiß dich mal zusammen. Und das nächste Mal, bevor du mal wieder rundum mehr Leistung von allen forderst, zeig doch mal selbst. Aber im April 2023 hat er bei Maybritt Illner gesagt: »Es ist nicht Wissing, der die Klimaziele nicht erreicht, sondern es sind die Bürger.« Ein besseres Beispiel für Verantwortungsverschiebung scheint mir kaum möglich.

Jede Kritik an problematischem Verhalten oder problematischen Aussagen wird heute schnell als *cancel culture* abgetan, also als Versuch, Inhalte oder gar Personen zu bannen. Diese Verbannung sieht dann in der Regel so aus, dass die Gecancelten in jeder Talkshow sitzen, ausverkaufte Tourneen spielen und mit Geld und Ruhm überschüttet werden. Ein grauenvolles Schicksal. Der Streit um rassistische Sprache in Karl-May-Werken hat dazu geführt, dass die Winnetou-Bücher plötzlich einen massiven Anstieg der Verkaufszahlen erlebten. Ich hoffe, diesem Buch hier bleibt so etwas erspart.

Apropos: Als ich beim Schreiben dieses Buches in einem Café in Bochum saß, lief dort im Radio ein Beitrag darüber, dass immer mehr junge Menschen süchtig nach Computerspielen oder sozialen Medien sind. Am Ende des Beitrags forderte die Moderatorin ernsthaft dazu auf, dass man die eigene Meinung dazu gerne auch teilen dürfe, beispielsweise auf der Facebook-Seite des Senders. Ich habe sofort den starken Drang gehabt, das Ganze auf Facebook zu kommentieren. Ging jedoch nicht, weil ich in Wirklichkeit gar nicht am Buch gearbeitet habe, sondern Candy Crush spielte.

Die sozialen Medien kann man zu Recht kritisieren, zumal sie es perfektioniert haben, die Menschen in ihren kognitiven Verzerrungen zu bestärken und besonders unseren *conformation bias* zu beglücken. Es ist ziemlich einfach, den Algorithmus dazu zu bringen, nur noch Nachrichten anzuzeigen, die dem eigenen Weltbild entsprechen. Die liest man nämlich gerne, schließlich bestätigen sie einen. Am Ende gilt: Umso mehr Menschen ihre Nachrichten aus den sozialen Medien beziehen, desto mehr Menschen sind der Macht des Algorithmus ausgeliefert. Eine Umfrage des Branchenverbands Bitkom vom Februar 2023 ergab, dass in Deutschland 55 Prozent der unter 30-Jährigen angeben, ohne soziale Medien nicht über das Weltgeschehen informiert zu sein. 43 Prozent dieser Altersgruppe erklärten, dass sie sich ihre politische Meinung in sozialen Netzwerken bilden – bei älteren Menschen sind es 20 Prozent. Natürlich haben soziale Medien auch Vorteile, zum Beispiel kann man sich schnell und direkt mit Informationen versorgen, nicht nur darüber, ob Stefan schon wieder seinen Obstsalat fotografiert hat. Aber wenn man sich allzu sehr in Bubbles bewegt, in denen sich alle nur gegenseitig mit Nachrichten versorgen, die mit ihrer vorgefertigten Meinung übereinstimmen, und sich mit identischen Meinungen gegenseitig ausschließlich bestärken, dann muss eine

Sache klar sein: Wir nennen diese Sozialräume im Netz »Bubbles«, weil sie, sobald sie mit der Realität konfrontiert werden, so stabil sind wie Seifenblasen. Die Wahrheit ist eine Nadel. Sie mag stechen, aber sie platzt nicht. 2023 gaben zwei Drittel der Internetnutzer*innen an, in letzter Zeit im Netz auf Fake News gestoßen zu sein. Ich bin geneigt zu sagen, dass das dritte Drittel aufmerksamer sein sollte. Denn nicht erst, seit mithilfe von KI Bilder und Videos extrem leicht zu fälschen sind, ist es einfach, Beiträge, Nachrichten und Schlagzeilen echt aussehen zu lassen. Da ist es ein wenig beruhigend, dass 96 Prozent der Menschen bewusst ist, dass gefälschte Nachrichten im Internet gezielt eingesetzt werden, um die öffentliche Meinung zu beeinflussen. Und zack. In Wirklichkeit sind es nur 86 Prozent, der letzte Satz war gelogen, um die öffentliche Meinung darüber zu beeinflussen, wie leicht es ist, mit Lügen die öffentliche Meinung zu beeinflussen. Wir müssen kritisch bleiben, Quellen überprüfen und zwischendurch auch mal was anderes machen, als in den sozialen Medien rumzuhängen. Zum Beispiel könntest du am Rechner zocken.

Außerhalb des Tellerrands ist das Internet allerdings ein rauer Ort, um es mal diplomatisch zu formulieren. Hasskommentare bis hin zum Mobbing sind alltäglich und eine doppelte Gefahr. Zum einen für die Betroffenen, die darunter leiden, und zum anderen für die Gesellschaft, die beim Blick darauf den Eindruck gewinnt, die öffentliche Diskussion sei vollkommen eskaliert, die Fronten verhärtet und so gut wie alle haben radikale Ansichten. Dieser Eindruck besteht allerdings ebenfalls aus Seifenblasen. Persönlich kann man mit den meisten Menschen sprechen, man kann sich austauschen, man kann auch mal streiten, sich aber auch wieder vertragen – und es passiert so gut wie nie, dass einem jemand ins Gesicht sagt: »Lösch dich, du hässliches Inzuchtkind!« Das hatte ich mal als anonymen Kommentar im Internet. Zum Glück war das nur ein Missverständnis, denn ich bin ja gar nicht hässlich.

Nun ist es ein zweischneidiges Schwert, zu fordern, dass es zum Schutz vor solchen Hasskommentaren keine anonymen Profile mehr geben sollte. Es ist halt leicht, eine Klarnamenpflicht zu verlangen in einem Land, in dem man für seine politische Meinung nicht verfolgt, eingesperrt, gefoltert oder gar umgebracht wird. Und das ist hierzulande so, auch wenn ein paar Querdenkende nicht müde werden, zu behaupten, dass wir in einer linksgrünen Meinungsdiktatur leben, die sie unterdrückt und zensiert, nur weil ihnen mal jemand widersprochen hat. Freie Meinungsäußerung heißt eben auch, dass alle anderen frei antworten dürfen. Es ist keine Zensur, wenn ich dir sage, dass Bill Gates kein Kinder fressender Satan mit Impfspritze ist, sondern nur der Mann hinter Microsoft und Windows. Wir können aber entspannt verschiedener Meinung darüber sein, was davon schlimmer ist.

Im Kapitel über Politik habe ich die Rolle der Medien als »vierte Gewalt« in einer freiheitlichen Demokratie angesprochen und wie wichtig es ist, dass diese Rolle frei und uneingeschränkt wahrgenommen werden kann. Das ist Teil der *checks and balances*, mit denen Staat und Gesellschaft sich dynamisch aneinander und miteinander entwickeln. Dazu gehört auch, dass wir die öffentlich-rechtlichen Medien bewahren, die sich ihrerseits gegenüber der Öffentlichkeit verantworten müssen und wirksam kritisiert werden können – und nicht von der Willkür eines Milliardärs abhängen. Wenn Matthias Döpfner den damaligen Chefredakteur der BILD-Zeitung anruft und sagt: »Please, stärke die FDP«, dann ist das zwar sprachlich ein interessanter Satz, aber inhaltlich spüre ich jetzt nicht so sehr die beiden Adjektive, die seit jeher auf der BILD-Titelseite stehen: »unabhängig und überparteilich«. Please, stärke die Glaubwürdigkeit.

Um als Gesellschaft zu funktionieren, brauchen wir Medienkompetenz, heute mehr als je zuvor. Wir müssen lernen, Nachrichten auf ihre Quellen hin zu überprüfen, Motive zu hinterfragen, Meinung von Fakten zu unterscheiden, Desinformationskampagnen besser zu erkennen und auch die Relevanz von Beiträgen und Diskussionen im Internet einzuschätzen. Dazu gehört auch, zu verstehen, dass es in den Nachrichten einen Fokus auf negative Großereignisse gibt. Natürlich wird dort über Katastrophen, Kriege und Leid berichtet, das soll ja auch so sein, wir müssen die Probleme kennen, um überhaupt über Lösungen nachdenken zu können. Positive Veränderungen, tolle Umweltschutzprojekte, soziale Initiativen, kreative Innovationen und meine Highscores bei Candy Crush kommen in der Tagesschau hingegen nur selten vor. Weil das so ist, kann leicht der Eindruck entstehen, dass sich die Welt mehr oder weniger ausschließlich in eine schlimme Richtung entwickelt. Das ist aber schlicht nicht der Fall. Vieles wird schon besser, das dürfen wir nicht übersehen. Es dauert lange, es ist mühsam und es gibt Rückschläge, aber es passieren gute Dinge. Wir müssen lernen, dass wir Licht brauchen, um überhaupt sehen zu können. Und dann müssen wir dieses Licht heller machen, uns für gute Entwicklungen begeistern und dabei mehr mitfiebern als bei sportlichen Großereignissen. Dann heißt es irgendwann vielleicht sogar: »Guten Abend und herzlich willkommen zur Tagesschau. Weltweit ist sich die Wissenschaft einig: Alles wird gut.«

KÜNSTLICHE INTELLIGENZ

For yesterday is already a dream
And tomorrow is only a vision;
But today well-lived, makes
Yesterday a dream of happiness
And every tomorrow a vision of hope.
Look well, therefore, to this Day.
Kālidāsa

In einer schneeweißen Daunenjacke stolzierte Papst Franziskus durch den Vatikan, als wolle er für den nächsten Teil von Ghostbusters als Marshmallow Man vorsprechen. Das Foto ging um die Welt, was nicht nur daran lag, dass der Papst lässig bis fahrlässig wirkte. Es war etwas anderes, was alle in Aufregung versetzte: Der Papst hatte diese Daunenjacke niemals getragen – und das Foto davon war nicht einfach gefälscht, sondern war von einer KI generiert worden. Was die Frage aufwarf: Wenn die KI den Papst in eine Daunenjacke stecken konnte, war sie dann womöglich zu noch krasseren Sachen imstande, zum Beispiel, Olaf Scholz als Pirat zu verkleiden?

Seit Ende 2022 hat die künstliche Intelligenz zumindest an der Oberfläche rasante Fortschritte gemacht. Im Bereich der Bildbearbeitung ist KI inzwischen eine Selbstverständlichkeit. Während ich Mitte Oktober 2023 diese Zeilen schreibe, ist ein Trend auf Instagram, Bilder von sich zu posten, die von einer KI so bearbeitet wurden, dass sie aussehen wie Jahrbuchfotos einer US-Highschool aus den 1990er-Jahren. In den Boutiquen Berlins dagegen ist der Trend ein anderer: Dort kaufen sich die Menschen für den Winter in großem Stil schneeweiße Daunenjacken.

Der berühmteste Test für künstliche Intelligenz stammt von Alan Turing aus dem Jahr 1950. Beim Turing-Test führt die Testperson per Bildschirm und Tastatur zwei Gespräche, ohne ihre Gegenüber zu sehen. Sie hat dabei Kontakt mit einem Menschen und mit einem Computer. Wenn die Testperson nach intensiver Befragung nicht unterscheiden kann, welcher der beiden der Computer ist, so hat die künstliche Intelligenz bestanden und man muss ihr ein ähnliches Denkvermögen attestieren. Spätestens seit *Chat*GPT ist klar: So weit weg davon sind wir nicht mehr. Ich kannte allerdings auch schon vor *Chat*GPT eine Menge Taschenrechner, mit denen ich mich lieber ausführlich unterhalten hätte als mit Friedrich Merz.

Apropos: Die leichteste Methode, einen Computer zu entzaubern, ist nun, ihm eine schwierige Aufgabe zu stellen. Wenn er binnen Sekundenbruchteilen weiß, was die Wurzel aus 5 712 529 ist, dann ist der Gesprächspartner mit hoher Wahrscheinlichkeit kein Mensch. Die künstliche Intelligenz muss sich längst an vielen Stellen mit künstlicher Dummheit rüsten, um mit uns mithalten zu können.

Dass man beim Turing-Test ein schriftliches Gespräch geführt hat, hatte etwas Prophetisches: Über siebzig Jahre später führen Menschen ihre Gespräche in weiten Teilen per Chat und über Beiträge und Kommentare in sozialen Medien. Wenn jetzt aber die KI immer öfter den Turing-Test besteht, dann sollte es keine besondere Herausforderung mehr für sie darstellen, ein Instagram- oder Facebook-Profil zu erstellen. Klingt banal, aber was, wenn dich eine unbekannte Person anschreibt? Es gibt keinen Weg mehr, herauszufinden, ob es wirklich Taylor Swift ist, die dich nachts um drei Uhr freundlich per Facebook-Chat fragt, wie deine Kreditkartennummer lautet.

Wir dürfen uns darauf einstellen, dass wir bald nicht mehr sagen können, ob Fotos oder Videos echt sind, ob Personen, mit denen wir chatten, echt sind, und selbst künstliche Telefongespräche sind dann nur noch eine gute Sprachsimulation weit entfernt. Nenn mich Boomer-Bob, aber das wird einige Parameter unseres Medien-Lebens gründlich verändern und jede Menge juristischer Fragen aufwerfen. Bildbeweise, Tonaufnahmen, Videos von mir, wie ich mir bei McDonalds in Waltrop drei Liter Mayonnaise in den linken Schuh fülle? Alles bald leicht zu fälschen. Was glauben wir dann? Ich gehe davon aus, dass schon in wenigen Jahren die Bedeutung persönlicher Gespräche deutlich größer werden dürfte. Vielleicht gehen wir dann wieder öfter gemeinsam im Wald spazieren, sitzen in Cafés oder füllen uns gegenseitig vegane Mayonnaise in den Hut. Vielleicht gibt es aber längst auch einen künstlichen Lektor, der alle Mayonnaise aus diesem Absatz streicht.

Vielleicht stellen wir die Frage nach Intelligenz aber auch falsch, bzw. viel zu sehr nach westlichem Verständnis. Man kann Intelligenz noch ganz anders messen als per Konversation oder IQ-Test. Das Volk der Luo im Westen Kenias kennt vier verschiedene Wörter für Intelligenz: Rieko, Luoro, Winjo und Paro. Rieko entspricht in etwa der Intelligenz, die in IQ-Tests abgefragt wird. Paro ist eine Art kreative Intelligenz, während Luoro und Winjo soziale Fähigkeiten bezeichnen. Luoro ist eine Mischung aus Respekt und Hilfsbereitschaft, Winjo bedeutet Verständnis und die Ehrerbietung für Erwachsene, Ältere oder Autoritätsfiguren. Diese Qualitäten habe ich jetzt so an *Siri*, *Alexa* und *Chat*GPT noch nicht bemerkt.

Die pessimistische Sicht auf KI ist von Frank Herbert, dem Autor des Science-Fiction-Klassikers *Dune*, trefflich formuliert worden: »Einst hatten die Menschen das Denken den Maschinen überlassen und gehofft, dadurch frei zu werden. Doch so ermöglichten sie nur, dass andere Menschen sie mithilfe von Maschinen versklavten.« Was aber passiert, wenn eine KI nicht mehr von einem Menschen gesteuert wird, sondern tatsächlich eine künstliche Intelligenz ist, die der menschlichen in allen Belangen weit überlegen ist? Würde sie sich von einem ausbeuterischen Menschen vor den Karren spannen lassen oder wäre sie dafür viel zu clever?

Man kann es auch optimistischer sehen: Es ist doch sehr entgegenkommend von uns, dass wir der künstlichen Intelligenz den Einstieg in diese Welt erleichtern, indem wir als Menschheit einfach kollektiv unsere natürliche Intelligenz immer weniger nutzen. Das liegt aktuellen Studien zufolge auch am Mikroplastik, das sich in unseren Gehirnen ablagert. Pro Woche nehmen wir bis zu fünf Gramm davon auf.

Das entspricht in etwa dem Gewicht einer Kreditkarte. Wir sind also quasi dabei, uns langsam in Geldautomaten zu verwandeln und uns diesen auch intellektuell anzupassen.

Ich mache mir natürlich auch Gedanken, ob ich als Komiker bald durch eine künstliche Intelligenz ersetzt werden kann, die sich bessere Gags ausdenkt und sie auf der Bühne besser präsentiert. Das mag möglich sein. Aber kann sich diese KI dann auch nach der Show eine Flasche Wein aus dem Backstage klauen und sich damit im Hotelzimmer allein in den Schlaf weinen? Wohl kaum.

Vielleicht ist aber die KI im Gegensatz zu mir in der Lage, Wunder zu bewirken. Augustinus schrieb schon vor 1600 Jahren: »Wunder geschehen nicht im Widerspruch zur Natur. Sondern im Widerspruch zu dem, was uns über die Natur bekannt ist.« Bekannt ist uns nun aber, dass die menschliche Erkenntnisfähigkeit klare Grenzen hat, wie der sympathische Bochumer Autor Sebastian 23 in seinem Buch »Cogito, ergo dumm« ausführlich aufweist. Wenn wir nun in Betracht ziehen, dass die KI bereits jetzt in vielen Bereichen weitaus mehr Daten verarbeiten kann als wir, dann kann man nach Augustinus' Definition sagen, dass uns die KI wohl noch zahlreiche Wunder bescheren wird.

Rudi Dutschke wunderte sich schon vor über 50 Jahren völlig zu Recht, dass es den Gewerkschaften und Arbeiter*innen früher sehr gut gelungen war, Arbeitszeit zu verkürzen, es aber zu seiner Zeit quasi unmöglich schien, so etwas zu erreichen, obwohl die Maschinen doch so viel Entlastung bringen könnten. Vor 50 Jahren. Man muss sich die Frage stellen: Was ist denn, wenn theoretisch alle Arbeit von KI und Robotern übernommen werden könnte – zahlen die dann auch Steuern, damit die Menschen ein Auskommen haben? Haben wir dafür eine Idee, einen Umgang? Oder beauftragen wir eine KI mit dieser komplexen Frage? Und wenn ja, zahlt diese KI für ihre Antwort dann Einkommensteuer? Oder Auskommenssteuer? Um das zu verstehen, brauche ich wahrscheinlich eine KI.

Ich rate allen, mal einen Gedanken darauf zu verwenden, was es bedeuten würde, wenn der Mensch nicht mehr die intelligenteste Lebensform auf diesem Planeten ist. Falls wir das jemals waren. Noch findet die KI »nur« neue Lösungswege für Spiele wie Schach und Go oder kann dem Papst eine Daunenjacke anziehen. Aber was, wenn sie uns schon bald sagen kann, mit welchen konkreten, einfachen und sozial gerechten Schritten wir gegen die Klimakrise ankommen, Kriege beenden, den Welthunger stillen und alle glücklicher werden? Es ist durchaus denkbar, dass die KI jenseits unserer geistigen Kapazitäten Lösungen für unsere drängenden Probleme findet. Gerade im Bereich der Klimagerechtigkeit könnte eine KI in der Lage sein, die unglaublich komplexen Zusammenhänge auf globaler Ebene durchzurechnen und eine klare Handlungsempfehlung auszusprechen. Womöglich durchkalkuliert bis in jedes Detail und das für jede einzelne Person auf dem Planeten. »Guten Tag, Manuela, hier ist dein Smartphone. Lass sofort dein Schnitzel fallen und umarme einen Baum, zack, zack.« Hören wir dann auf die KI und wählen sie quasi zur Präsidentin der Welt? Oder sind wir beleidigt, ziehen den Stecker und bleiben lieber mit unseren Problemen allein?

Wir sollten uns an den Gedanken gewöhnen, dass wir vielleicht schon in naher Zukunft einer Intelligenz begegnen, die in der Lage ist, Fragen zu beantworten, die wir nicht mal stellen können. Es ist eine bezaubernde Lektion in Demut, dass uns manche Rätsel der Quantenphysik, der höheren Mathematik oder der Songtexte von ABBA möglicherweise für immer verschlossen bleiben. Aber unsere begrenzte Kapazität, die Welt zu ergründen und zu verstehen, ist nicht das Maß aller Dinge. Womöglich löst eine KI bald alle diese Rätsel, kann uns dann aber die Lösung genauso wenig erklären, wie wir einem Dackel erklären können, was der Unterschied zwischen William Shakespeare und Hildegard von Bingen ist. Wenn die KI nebenbei alle größeren Probleme der Welt löst, wäre das für mich ein absolut fairer Deal. Aber solange es nur für Bilder vom Papst in Daunenjacke reicht, würde ich mich erst mal nicht darauf verlassen, dass solche Wunder bald eintreffen. Noch müssen wir die Welt wohl selbst retten, damit wir den Computern unseren Planeten in einem ordentlichen Zustand übergeben können.

LIEBE IN ZEITEN DES PATRIARCHATS

Über raue Pfade gelangt man zu den Sternen.
Seneca

Im Oktober 2022 sagte der recht frisch verheiratete Finanzminister Christian Lindner in einem ZEIT-Interview, dass er irgendwann auch mal die Care-Arbeit für seine potenziellen Kinder übernehmen wolle. Seine Pläne für diese Zeit verriet er auch gleich: Promovieren wolle er, dazu jagen, fischen und imkern. Der Titel seiner Doktorarbeit, die man ja easy nebenbei schreibt, wenn man sich um Kinder kümmert, lautet dann vermutlich »Volle Windeln sind dornige Chancen«. Und danach kommt das Baby ins Camouflage-Tragetuch und auf geht's zur Bärenjagd. Abends am Lagerfeuer gibt es zum Einschlafen Gruselgeschichten von der unsichtbaren Hand des Marktes.

Und die ist fast so unheimlich wie die unsichtbare Hand der traditionellen Geschlechterrollen, die in dieser Anekdote zum Vorschein kommt. Aus Lindners Gedanken spricht indirekt, aber sehr deutlich die Annahme, dass Care-Arbeit keine richtige Arbeit ist. Sonst könnte Lindner heute schon einen Bienenstock auf der Wiese vorm Reichstag stehen haben. Aber nein, stattdessen muss er im Kreis ums Gebäude fahren und aus dem Fenster seines Porsche 911 die Passanten anschreien, dass sie sparen müssen, weil seine Schuldenbremse klemmt. Das ist richtige Arbeit. Drei Kinder großziehen, Windeln wechseln, bei den Hausaufgaben helfen, bei pubertärem Liebeskummer trösten, kochen, waschen, putzen und den dauerbimmelnden Höllenschlund von drei Dutzend WhatsApp-Elterngruppen ertragen – das schafft man doch mit dem kleinen Finger an einem halben Vormittag.

Es ist nur eine Facette der verkrusteten, patriarchalen Strukturen, die bis in unsere Gegenwart reichen und unser Sein und Denken mehr oder weniger unterschwellig bestimmen. Das schlägt sich auch nieder im Gender Pay Gap, der ausdrückt, dass Männer immer noch deutlich mehr Lohn kriegen als alle anderen Menschen. Es zeigt sich auch darin, dass Berufe in Pflege und Erziehung, im Sozialbereich und in der Schule im Schnitt erschreckend wenig Lohn einbringen, während in den männerdominierten deutschen Chefetagen die Boni wie Milch und Honig fließen. Es gibt sogar ganze Branchen, die auf der Ausbeutung von Frauen basieren. In der Modebranche sind 40 Millionen Näher*innen beschäftigt – davon sind 85 Prozent Frauen. Und fast alle davon sind krass unterbezahlt. »Brot für die Welt« rechnet vor, dass zum Beispiel eine Näherin in Bangladesch rund 100 Überstunden pro Monat machen muss, um überhaupt so viel zu verdienen, dass es für das Existenzminimum reicht. Noch mal zum Mitschreiben: Diese Frauen arbeiten Vollzeit und *zusätzlich* 25 Stunden pro Woche und kommen gerade so über die Runden. Und wir werfen jedes fünfte Kleidungsstück, dass sie nähen, gemeinsam mit unserem Anstand ungetragen in die Tonne. Greenpeace geht davon aus, dass inzwischen eins von fünf Kleidungsstücken niemals getragen wird; allein zwischen 2000 und 2014 hat sich der Modekonsum dabei verdoppelt.

Eine bessere, fairere Zukunft braucht Geschlechtergerechtigkeit. Das gilt natürlich nicht nur für Frauen, sondern für alle FLINTA-*Personen,* das bedeutet Frauen, Lesben, intersexuelle, nonbinäre, trans und agender Personen. Wer jetzt auf der Suche nach Worterklärungen fleißig beginnt, im Internet zu blättern, der oder die sei eingeladen, auch gleich nach LGBTQI+, nach *poly, cis,* Heteronormativität und meinem speziellen Liebling *Amatonormativität* zu schauen. Noch besser: Kauft Bücher und lest mehr Artikel von queeren Autor*innen, hört mehr Musik von FLINTAs, schaut Filme, in denen LGBTQI+ nicht nur als Token vorkommen, und feiert die Vielfalt. Und wenn du schon dabei bist, lege einen Fokus auf nicht-weiße Menschen. Für dieses Buch, das du in deinen Händen hältst, darfst du noch eine Ausnahme machen, aber nur, weil du fast am Ende angekommen bist.

Wenn eines Tages alles gut werden soll, dann wird auch die spektakuläre Baustelle der Zwischenmenschlichkeit zu klären sein. Und dies ist vermutlich die einzige Baustelle, die noch länger besteht als die vom Berliner Flughafen. Da hat vor Kurzem jemand gesagt: Egal, lass uns das in Betrieb nehmen, den Rest regeln wir mit Gaffa-Tape und WD40. Und im Prinzip ist es mit der Liebe genauso. Damit will ich nicht sagen, dass Einsamkeit ein Problem ist, dass man mit Klebeband und Öl lösen kann. Tatsächlich ist es bedrückend, dass Menschen immer einsamer werden. Laut einer

Gallup-Umfrage von 2021 haben insbesondere Männer seit 1990 drastisch weniger Freundschaften. Jeder fünfte Mann gibt an, nicht eine einzige enge Freundschaft zu haben. Einsamkeit fühlt sich nicht nur an, als sei man ein ungetragenes Kleidungsstück, sondern macht nachweislich auch krank.

Natürlich sind Menschen und ihre Bedürfnisse sehr unterschiedlich und nicht für alle sind viele Sozialkontakte der richtige Weg. Ich persönlich zähle mich jetzt auch nicht zu denen, die einen großen Bekanntenkreis haben. Das bedeutet aber auch: Wenn du einer von diesen 12 000 Leuten bist, dann bist du für mich etwas ganz Besonderes.

Ich kann da nur für mich sprechen: Immer wieder staune ich, wenn Individualismus gepredigt wird, Selfcare eine Umarmung ersetzen möchte oder jeder seines Glückes Schmied sein soll und der Rest der Menschheit halt ein Amboss. »Sei stark und geh deinen eigenen Weg«, heißt es dann. Es ist okay, wenn das jemand für sich so durchziehen möchte. Ich gehe den Weg lieber mit meiner Familie und meinen Freund*innen zusammen. Wenn das jemand »schwach« findet, kann ich damit sehr gut umgehen. Zumal es eher drollig ist, dass manche Leute immer stark, cool und unverwundbar sein wollen. Natürlich, Jürgen, du sonnenbebrillte Kreuzung aus Stahlträger und Granitklotz, mach dein Ding. Aber sag gerne Bescheid, wenn du doch mal eine Umarmung brauchst. Dann erzähle ich dir auch meine Theorie, wie das alles mit deiner Einsamkeit zusammenhängen könnte.

Wir sollten über die Einsamkeit und die Gründe dafür reden, wenn wir eine bessere Zukunft für uns alle wollen.

Nicht nur für Sonnenbrillen-Jürgen und mich, sondern für uns alle. In einer gerechten und guten Zukunft sollte jeder Mensch ein freies und selbstbestimmtes Leben führen können. Wir sollten deshalb ganz dringend aufhören, in die Lebensentwürfe anderer bis in den Privat- und Intimbereich hineinzureden oder gar mitbestimmen zu wollen. Das wird dann manchmal auch noch gerechtfertigt mit völlig absurden Aussagen wie: »Homosexualität ist unnatürlich.« Was soll das denn heißen? Was ist sie denn dann? Künstlich? Eine menschliche Erfindung? Etwas, das kein Tier jemals machen würde? Spätestens in Anbetracht der Tatsache, dass Homosexualität im Tierreich weit verbreitet ist, sollten Verteidiger der Natürlichkeit also eher gegen Steuererklärungen kämpfen – das machen nämlich tatsächlich nur Menschen. Also los, schnappt euch Formular A38 und tragt mal etwas Konstruktives zur Gesellschaft bei.

Warum interessiert es so viele Menschen, wie andere Leute ihr Leben und ihre Beziehungen führen? Warum verlieren manche Menschen Schlaf über die Tatsache, dass am anderen Ende des Landes, in einer Stadt, in der sie noch nie gewesen sind, in einem Haus, das sie nie betreten werden, jemand, den sie niemals kennenlernen werden, einen Mann küsst. Oder eine Frau. Oder eine nonbinäre Person. Welches Kunststück müssen die Synapsen vollführen, damit einem das nicht absolut egal ist – oder man sich nicht sogar hintergründig freut, weil man weiß, irgendwo ist gerade irgendjemand glücklich? Das dürfte am normativen Denken liegen. Normativität gibt vor, wie etwas sein soll, wie es zu bewerten ist. Heteronormativität ist also der Gedanke, dass man »eigentlich« hetero sein sollte und die LGBTQI+-

Community eine Abweichung darstellt oder gar einen Fehler. Dabei ist der Fehler hier offensichtlich das normative Denken, das in einer freiheitlichen, demokratischen und toleranten Gesellschaft, die sich ernst nehmen möchte, nichts verloren hat. Das gilt auch für Cisnormativität – als *cis* bezeichnet man alle, deren Geschlechtsidentität mit dem bei der Geburt anhand äußerer Merkmale zugeschriebenen Geschlecht übereinstimmt. Das kommt häufig vor, keine Frage. Aber das darf kein Grund sein, anzunehmen, dass es immer so sein sollte, denn das ist es nicht und das war es auch noch nie. Wie schon gesagt, nehmt es nicht von mir, aber seid offen und hört zu, was Menschen dazu gesagt und geschrieben haben. Wenn du unsicher bist oder Fragen hast: Die Welt da draußen ist voller Antworten, höre bitte nicht nur eine an. Und denke nicht normativ, sondern bleibe deskriptiv – treffe Aussagen über die Realität, die prüfbar sind, statt der Realität vorschreiben zu wollen, wie sie zu sein hat. Bleibe offen, auch für Widerspruch. Lerne dazu und ändere bei Bedarf auch mal deine Meinung.

Damit kommen wir zu meinem erwähnten speziellen Freund, der Amatonormativität. Das ist die Annahme, das Glück ließe sich ausschließlich in der (romantischen) Beziehung zwischen zwei Menschen finden. Das klingt so banal wie Bananen, aber zoomen wir mal für einen Moment raus und schauen uns um: In wie vielen Filmen, Büchern, Opern, Theaterstücken, Werbungen und Liedern von ABBA wird uns das eigentlich als Norm präsentiert? Wie omnipräsent ist die Suche nach der einen großen Liebe, nach dem Glück zu zweit oder gar der »Vervollständigung«

des eigenen Seins durch eine Partnerschaft? »Er gehört zu mir, wie mein Name an der Tür« – bitte beruhige dich, Marianne. Wenn derart intensiv suggeriert wird, dass dieser Lebensentwurf der einzig richtige ist, hat das unschöne Folgen für all jene, die anders fühlen, denken und leben. Es gibt selbstverständlich Menschen, denen es allein und ohne Partnerschaft am besten geht, die gerne Single sind oder in offenen oder auch poly Beziehungen leben, also einen nichtmonogamen Lebensentwurf haben. Nahezulegen, man könne auf diesen Wegen nicht glücklich werden, übt einen riesigen Druck aus. Das gilt auch und insbesondere für Menschen, die in monogamen Beziehungen leben. Es ist meistens gut und richtig, diese auch durch schwierige Zeiten manövrieren zu können und nicht beim ersten Anzeichen von Uneinigkeit alles hinzuwerfen. Aber schaut euch doch mal um: Wie viele Menschen sind in einer Beziehung, weil sie denken, dass man das halt so machen muss. Oder man allein nicht glücklich sein kann. Oder sie zerfurchen sich sorgenvoll die Synapsen, weil sie in einer monogamen Beziehung leben, aber auch mal jemand anderen attraktiv finden? Wenn mich jemand nach alternativen Beziehungsmodellen fragt, sage ich gerne mit einem milden Lächeln, dass viele, viele Menschen eine offene Beziehung führen, ohne es zu wissen.

Die Bundeswehroffizierin Anastasia Biefang hatte 2022 auf einer Datingplattform geschrieben, dass sie in einer offenen Beziehung lebe und »auf der Suche nach Sex« sei. Die Bundeswehr erteilte ihr daraufhin einen Verweis, weil sie »den Eindruck vermittle, charakterlich nicht integer zu sein«. Und da frage ich euch: Kennst du die Geschichte von einem Bundeswehroffizier, der einen Verweis erhalten hat, weil er in einer monogamen Beziehung fremdgegangen ist? Nein? Nanu, ist man etwa charakterlich integrer, wenn man fremdgeht, als wenn man in einer offenen Beziehung lebt? Ich habe nicht den geringsten Zweifel daran, dass für viele, viele Menschen eine monogame Paarbeziehung das beste Leben bedeutet. Es sei ihnen gegönnt und auch da sollte niemand reinreden. Daran dachte ich auch, als Julia Klöckner von der CDU den Queer-Beauftragten Sven Lehmann deswegen anging, weil dieser offen über Schwulsein und Dating gesprochen hatte. Das sei Privatsache, meinte Klöckner. Und übersah entspannt, dass sie selbst gerne mal in Interviews über ihr privates Hetero-Glück berichtet. Ich finde es zwar sehr schön, wenn Frau Klöckner glücklich ist und dieses Glück teilen möchte. Aber das gilt doch auf für Herrn Lehmann, oder? Kleiner Tipp: Es gibt hier nur eine Antwort, die mit einer freiheitlich-demokratischen Gesellschaft vereinbar ist.

Anfang 2022 wurde in der »Sendung mit der Maus« unter anderem eine Regenbogenflagge gezeigt. Die WELT titelte daraufhin: »Wie ARD und ZDF unsere Kinder frühsexualisieren und umziehen«. Dabei geht die Gefahr hier sicher nicht von der Pride-Flag aus. Denn es ist exakt so simpel: Diversität abzubilden ist nicht »sexualisierter« als eine Hetero-Beziehung darzustellen. Und Darstellungen von Hetero-Beziehungen finden sich in so ziemlich jedem Bilderbuch. Vielfalt abzubilden, erzieht die Kinder erst recht nicht um, sondern hilft ihnen, die Welt zu verstehen. Die WELT anscheinend nicht. Überhaupt ist es ein völlig absurder Gedanke, dass Kinder homosexuell werden könnten, wenn sie ein Bilderbuch mit einem schwulen Pinguinpaar oder ein buntes Stück Stoff in einer Kindersendung sehen. Wenn dem so wäre, dann müsste man in Anbetracht der überwältigenden Mehrheit heterosexueller Paarbeziehungen in der Kinder- und Jugendliteratur (und in der Gesellschaft) eigentlich davon ausgehen, dass wirklich alle Menschen heterosexuell sind. Oder dass es schwule Löwen gibt, weil sie ein Buch über schwule Pinguine gelesen haben. Kennt man ja.

Wäre es nicht schön, wenn wir alle für Diversität so offen wären, wie es uns Großkonzerne während des Pride Month vorspielen? Nur halt in echt? Ich mach mir Sorgen, dass wir kurz vor dem Punkt stehen, an dem rechtskonservative Politiker den Himmel verklagen, weil der mithilfe eines Regenbogens »homosexuelle Propaganda« betreibt. Mein Tipp an der Stelle: Wenn du denkst, es würden reichen, ein schwules Paar zu sehen, um jemanden »schwul zu machen«, dann solltest du mal all die heterosexuelle Propaganda vergessen und dich selbst richtig kennenlernen. Womöglich ist das Teil des Problems: Manch besonders maskuliner Mann ist derart fragil, dass er sich zur Rückversicherung einen *Superstraight*-Aufkleber auf seinen Pick-up-Truck pappen muss. Eine längere Umarmung, ein Kompliment an einen Mann, ein offenes Wort über Gefühle oder gar eine Bekundung, dass man einen Freund liebt, sind hingegen nicht mal denkbar. Und damit wären wir wieder beim Problem der zunehmenden Einsamkeit.

Spannend ist auch die historische Entwicklung des Feminismus. Im Jahr 1843 schrieb Louise Otto-Peters: »Die Teilnahme der Frau an den Interessen des Staates ist nicht ein

Recht, sondern eine Pflicht.« Und 180 Jahre später verschenkt der Fanshop des Fußballclubs Hansa Rostock am feministischen Kampftag 2023 die Badeente *Lady*. Ich habe mir gleich zwei davon geholt. Das Patriarchat wird vor dieser Doppelspitze ganz sicher einknicken und Gleichberechtigung kann auf allen Ebenen endlich Realität werden.

Diese Hoffnung gilt auch und insbesondere für trans Personen. Die Youtuberin Blaire White schrieb vor einer Weile, aus dem Satz »trans Frauen sind Frauen« würde folgen »Frauen sind trans Frauen«. Letzteres würde aber niemals jemand sagen. Und schneller als J.K. Rowling applaudieren konnte, dachte ich: »Grüne Tomaten sind Tomaten« bedeutet doch auch nicht »Tomaten sind grüne Tomaten«. Eventuell hatte Blaire da beim Formulieren ihrer genuin transfeindlichen Hypothese Tomaten auf den Augen. Wir sollten umso genauer hingucken.

Lustig fand ich, als ich las, dass eine Bloggerin ihrer Verwunderung Ausdruck gab, dass nur Kinder eigene Zimmer haben. Es wäre doch viel cooler, so schrieb sie, wenn auch die Eltern jeweils eigene Zimmer hätten. Ja, dachte ich, das wäre wirklich super. Ebenso wie ein Poolzimmer, ein Kamin, ein Fitnessraum und ein privater Tennisplatz. Wieso haben das nicht alle? Hm ... Ich möchte aber betonen, dass ich den Grundgedanken wirklich sehr richtig finde, auch innerhalb langfristiger Beziehungen nicht immer alles gemeinsam zu machen, sondern sich eben auch Räume zu lassen. Ich zum Beispiel gehe gerne mal für zehn Minuten in den Schrank unter der Küchenspüle.

Ob man Kinder hat oder nicht, scheint auch in der Klimadebatte für manche ein ausgesprochen wichtiger Punkt zu sein. Denken wir nur an den Julien Backhaus, den ich bereits im Kapitel über den Kapitalismus erwähnt habe und sein Zitat: »Nach mir die Sintflut, ich habe keine Kinder.« Das finde ich nicht nur erfrischend ehrlich, sondern auch als Historiker spannend, denn das ist natürlich ein Zitat der Marquise de Pompadour, einer Mätresse von Ludwig XV. von Frankreich. Ich habe dann ein bisschen schmunzeln müssen, als mir wieder einfiel, wie die französische Geschichte im 18. Jahrhundert weiterging. Aber bleiben wir mal eine Sekunde bei der Prämisse des Gedankens, nämlich, dass einem die Zukunft und die Umwelt nur dann wichtig sein sollten, wenn man eigene, direkte Nachkommen hat. Das ist gründlich zu Ende gedachter Individualismus. Und eine trefflichere Antwort kann man kaum geben auf Milton Friedmanns »Wenn jeder an sich selbst denkt, ist doch an alle gedacht.« Offensichtlich nein, Milton. Frag mal Julien.

Dass Backhaus keine Kinder will, ist hier natürlich nicht das Problem. Auch hier müssen wir weg vom normativen Denken, das insbesondere FLINTAs entgegengebracht wird. Man kann ohne Kinder glücklich werden. Das geht sogar, ohne in Interviews menschenfeindliche Aussagen zu machen. Ich glaube ja, wir müssen einfach offener werden und uns mehr umschauen. Als im Mai 2023 Charles III. zum neuen König von England gekrönt wurde, da fand ich es zum Beispiel sehr *wholesome*, wie alle gejubelt haben, dass dieser ältere Herr einfach mal das Outfit seiner Mutter anprobiert hat.

Wollen wir eine bessere Zukunft, darf niemand mehr aufgrund seiner sexuellen Orientierung, seiner geschlechtlichen Identität oder seiner Haltung zu Beziehungen diskriminiert werden. Also nicht mal, wenn es sich um einen heterosexuellen Cis-Mann handelt, der in einer monogamen Beziehung mit einer Frau ist. Und wenn wir lernen, offen mit Emotionen umzugehen und auch mal kurz die Sonnenbrille abzunehmen, dann werden wir womöglich auch die unfreiwillige Einsamkeit los. Es muss ja nicht gleich jeder einen Baum umarmen oder seiner Chefin unter Tränen gestehen, dass man zu spät zur Arbeit kommt, weil man am Vorabend »Bambi« geguckt hat. Wobei auch das völlig okay wäre und meiner Ansicht nach eher zu einer Gehaltserhöhung führen sollte. Aber jeder Mensch sollte seinen eigenen Weg zum Glück finden dürfen. Ja, wirklich! Denn niemand hat einen Schaden davon, wenn alle glücklich sind. Zum Glück ist die Zukunft bunt.

GLAUBE UND ABER

Aberglaube bringt Unglück.
Stanislav Lec

Isaac Newton hat sich vertan: Es gibt keine Gravitation. Wir werden stattdessen alle von den nicht wahrnehmbaren Nudeln eines fliegenden Spaghettimonsters zu Boden gedrückt. Das ist einer der Glaubenssätze der Pastafaris, von denen es nach eigenen Angaben weltweit etwa 28 Millionen gibt. Der US-Amerikaner Bobby Henderson hat die Bewegung im Jahr 2006 als satirische Antwort auf die Anhänger*innen des »Intelligent Design« gegründet. Diese wollten damals durchsetzen, dass an US-amerikanischen Schulen die kreationistische Schöpfungslehre gleichberechtigt neben der Evolutionslehre unterrichtet wird. Das brachte Henderson auf den Plan, sich an die Schulbehörden in Kansas zu wenden und zu fordern, dass dann auch seine Lehre vom fliegenden Spaghettimonster unterrichtet werden müsse, denn auch diese lasse sich nicht widerlegen. Womöglich war das als satirischer Hinweis darauf gedacht, dass Religion im Biologie-Unterricht nichts verloren habe. Mir jedoch macht diese Religion hauptsächlich Hunger.

Das fliegende Spaghettimonster ist eine der jüngsten Gottheiten in einem weiten Feld übernatürlicher Wesen. Eine genaue Anzahl lässt sich da kaum nennen, aber man kann mit Sicherheit sagen: Neben dem Gott des Christentums glaubten und glauben Menschen auf dieser Welt an Ganesha, Jahwe, Shiva, Pachamama, Isis, Odin, Zeus, Allah, Manitu, Brigid, Vishnu, Guan-Yin, Mithras, Kunapipi, Oyagami, Ngai, Sedna und Tausende weitere Göttinnen und Götter mehr. Ein kleines bisschen Demut scheint mir da angebracht, so im Umgang miteinander und mit dem Glauben der anderen. Selbst ich bin hier extralieb, denn so gut wie alle Religionen haben absolut friedliche Grundsätze und wollen das Zusammenleben der Menschen verbessern. Ich bin sogar nett zu Atheist*innen, denn wie Ricky Gervais einst so schön feststellte: Wer an einen Gott glaubt, glaubt an dreitausend andere Götter nicht. So betrachtet ist es nur ein kleiner Unterschied, dass Atheist*innen an noch einen Gott weniger glauben. Drollig, diese Heiden.

Unter den friedliebenden und fürsorglichen Propheten ist Jesus vorne mit dabei. Seine Forderung, auf Gewalt zu reagieren, indem man die andere Wange hinhalte, geht selbst vielen Pazifist*innen zu weit. Und doch lässt sich im Rückblick auf 2000 Jahre christliche Religion sagen, dass im Namen dieses Glaubens viel Leid verursacht wurde. Und »viel Leid« ist an dieser Stelle noch sehr diplomatisch formuliert. Das ist sicher kein Alleinstellungsmerkmal, es gab und gibt weltweit im Namen sehr vieler Religionen Kriege, Verfolgung und Gewalt. Das fliegende Spaghettimonster mag da eine Ausnahme sein, es ist aber auch für eine Gottheit noch sehr jung. Zugleich muss man festhalten, dass

Religion und Spiritualität für Milliarden Menschen eine wichtige Rolle spielen, Sinn und Orientierung geben, durch Krisen helfen und Leben retten. Und all das Leid und die Gewalt, die im Namen einer Religion verübt werden, stehen oft genug im Widerspruch zu ihren Glaubenssätzen. Jesus hat nichts von Scheiterhaufen gesagt, ich habe noch mal nachgelesen. Im Koran steht auch nichts davon, Flugzeuge in Doppeltürme zu steuern. Und Buddha hat sicher nichts darüber erzählt, wie man Japans Expansionsstreben im Zweiten Weltkrieg rechtfertigen kann. Es handelt sich jeweils um Instrumentalisierungen, die meist mit verzerrter oder gar willkürlicher Interpretation religiöser Texte einhergehen. Die Frage, die bleibt, heißt dann aber: Wie kann man solche Instrumentalisierungen vermeiden?

Religiöse Menschen fordern manchmal, dass Gesetze ihren religiösen Vorstellungen angepasst werden – für alle Menschen. In den USA wird gerne auf die Bibel verwiesen, wenn es darum geht, ein Abtreibungsverbot durchzusetzen. Die Verfechter*innen dieses Verbots bezeichnen sich gerne als *pro life*, sehen sich also als die Verteidiger*innen des Rechts auf Leben. Und sie sind zu krassen Schritten bereit: Im März 2023 schlugen in South Carolina 21 republikanische Abgeordnete vor, für Abtreibungen die Todesstrafe einzuführen. Mir persönlich kam das jetzt nicht so richtig *pro life* vor.

Aber Christentum in den USA ist eh ein spannendes Thema. Als immer mehr Bücher wegen anstößiger Inhalte verboten wurden, hat das einige Eltern in Utah so geärgert, dass sie beim Schulbezirk beantragt haben, die Bibel zu verbieten. Da gäbe es schließlich auch einige anstößige Stellen drin. Sie waren dann selbst überrascht, als der Antrag angenommen wurde: Es gibt in den USA jetzt Schulbezirke, in denen die Bibel verboten ist. Das läuft vielleicht auch konservativen Christ*innen gut rein, denn der evangelikale Pastor Russell Moore, ehemals ein Spitzenbeamter der Southern Baptist Church, erzählte im August 2023 in einem Interview, wie schwer es die Bibel inzwischen habe. Sehr konservative Christ*innen würden diverse Bibelstellen ablehnen, weil ihnen Jesus zu links und zu liberal sei. Ich finde, besser als anhand von Christ*innen, die Christus ablehnen, kann man den Begriff der kognitiven Dissonanz nicht erklären.

In Deutschland war der Aufschrei groß, als die Letzte Generation an Weihnachten 2022 einen Gottesdienst störte, um für Klimagerechtigkeit zu demonstrieren. Ein Sakrileg sei das, ein Gotteshaus als Protestort zu wählen, hieß es. Justizminister Marco Buschmann schrieb, wer so etwas tue, dem sei »nicht mehr zu helfen«. Als vier Jahre vorher, am 8. Januar 2018, der Immerather Dom abgerissen wurde, weil RWE an die Braunkohle darunter wollte, gab es erstaunlicherweise keine großen Einwände, zumindest nicht aus der Politik. Man kann darüber diskutieren, ob es unangemessen ist, in einer Kirche ein Schild hochzuhalten, auf dem für die Bewahrung der Schöpfung geworben wird. Ich persönlich halte es aber für das größere Sakrileg, aus Profitgier eine fast tausendjährige heilige Stätte mit Baggern und Abrissbirnen dem Erdboden gleichzumachen.

Unweit vom ehemaligen Immerath, bei einer Demonstration gegen den Abriss von Lützerath aus denselben Gründen, traf ich im Januar 2023 den Aktivisten Juan Pablo Guttierez von den indigenen Yukpa, deren Lebensraum im kolumbianischen Regenwald durch den Abbau von Kohle dezimiert wird. Der ursprüngliche Glaube der Yukpa geht von der Präsenz übernatürlicher Kräfte in den Pflanzen und Tieren ihrer Umwelt aus – in eben jener Natur, die nun für fossile Energieträger zerstört wird. In Anbetracht dieser auch spirituellen Krise darf man ruhig hinzufügen, dass aktuell 16,3 Prozent der in Deutschland verfeuerten Steinkohle aus Kolumbien kommt – man aber vonseiten der Regierung wenig Kritik hört am Vorgehen der dafür verantwortlichen neokolonialistischen Rohstoff-Giganten wie Glencore.

Im Rahmen der Jungen Klimakonferenz im Oktober 2023 in München sprach ich mit der Aktivistin Ati Viviam Villafaña von den Arhuaca und sie erzählte mir davon, dass ihren Leuten die Gletscher in der Sierra Nevada de Santa Marta heilig sind. In der Sierra entspringen 36 Flüsse, die Lebensadern der ganzen Region. Doch die Fläche der Gletscher ist in den letzten 150 Jahren um 91 Prozent geschrumpft. Das bedroht nicht nur den Lebensraum, sondern ist eben auch ein spiritueller Verlust. Ich musste an den Komi Memem denken, über den ich im Klimakapitel geschrieben habe – den Fluss, den die indigenen Menschen als Lebewesen haben einstufen lassen. Und an den Yellowstone River aus dem Optimismuskapitel, jenen Fluss, der sich allein durch die Wiederansiedlung von Wölfen im umliegenden Park unerwartet erholt hat. Wer wären wir, wenn wir der Erde und unserer Lebenswelt keine spirituelle Bedeutung beimessen würden? Ist es nicht ohnehin Teil jeder Religion, die Schöpfung auf diese oder jene Weise bewahren zu wollen? Mehr noch: Dass die Erde mit ihrer Flora und Fauna die Quelle des Lebens ist und wir ein Teil dieses großen Ganzen sind, darauf können sich sogar Atheist*innen einigen, sofern sie sich auch nur einen Hauch für Naturwissenschaften interessieren. Vielleicht brauchen wir eine neue Religion, die die Erde und das Leben in den Mittelpunkt stellt. Wobei ich Sorge hätte, dass dann in tausend Jahren wieder jemand mit dem Feuerzeug spielt.

Wir brauchen eine entspannte Haltung gegenüber Menschen, die an andere Dinge glauben als wir. Selbst dann, wenn wir absolut überzeugt davon sind, dass unsere Religion von den tausend Optionen die einzige ist, die absolut richtig liegt und alle Menschen auf den richtigen Weg bringt. Gut für euch. Sagt den anderen gerne Bescheid, aber setzt mal ein paar Grenzen dabei. Einmal wöchentlich vormittags durch die Stadt zu ziehen und bei allen zu klingeln, um sie zu überzeugen, das ist ein bisschen doll. Aber natürlich immer noch besser, als in ein Nachbarland einzumarschieren oder die Bevölkerung dort durch Fassbomben zur Nächstenliebe zu bekehren. Aber am allerbesten schüttelst du einfach den Kopf, bedauerst die Andersgläubigen und lässt sie ansonsten ihr Leben leben und ihren Glauben glauben. Also keine Sorge – wenn ich bei dir klingle, dann nur, weil ich mir Zucker ausleihen will. Deinen Gott kannst du behalten.

Springen wir ans Ende: Dass wir sterben werden, verdrängen die meisten Menschen im Alltag gerne mal. Dabei kann man sich durchaus fragen, warum wir streben wollen, obwohl wir sterben müssen. Warum etwas erreichen wollen, wenn wir doch vergänglich sind? Die naturwissenschaftliche Perspektive darauf mag auf den ersten Blick bedrückend wirken: Was soll man schon erreichen wollen auf einem kleinen Planeten inmitten eines Sonnensystems am Rande einer von Milliarden Galaxien? Wie können wir Bedeutung finden oder gar Bestimmung? Das scheint jenseits von Religion schwierig.

Ich bin jedoch überzeugt, dass diese Frage komplett rückwärts gestellt ist. Die Astrophysikerin Margaret Burbridge hat im Jahr 1957 an einem Artikel namens »Synthesis of Elements in Stars« mitgeschrieben. Demnach gab es nach dem Urknall nur Wasserstoff, Helium und etwas Lithium – ein relativ karger Mix. Das reicht jetzt noch nicht für einen veganen Grillabend. Aber wie sind diese dann überhaupt möglich? Alle anderen Atome entstehen erst durch Kernfusion – und die passiert nur unter den Extrembedingungen im Inneren von Sternen. Erst wenn ein Stern ausgebrannt ist, kann sich die Materie aus seinem Inneren im Universum verteilen. Aus diesem Material können dann neue Sterne und Planeten entstehen. Auf einem dieser Planeten sind wir – und von ihm leihen wir uns das Material, aus dem wir bestehen. Nur aufgrund dieser recht erstaunlichen Vorgeschichte gibt es hier Dinge wie Sauerstoff, Kohlenstoff und vegane Grillabende. Alles, was wir sind, war mal im Inneren eines Sterns – wir sind also im wahrsten Sinne des Wortes Sternenstaub.

Fast noch erstaunlicher ist, dass sich dieser Sternenstaub dann auf eine Art verbunden hat, die wir als Leben kennen. Wir sind sich selbst reproduzierende Organismen, die sogar in der Lage sind, mit Sinnesorganen ihre Umgebung wahrzunehmen und sich mithilfe ihres Gehirns Gedanken dazu zu machen. Nach Milliarden von Jahren, durch das Feuer im Inneren eines Sterns gegangen, gelingt es dem Universum nun also, sich selbst zu entdecken und zu erkennen. Und das passiert in uns, das sind wir. Wie unendlich unwahrscheinlich, dass es uns gibt – welch kosmisches Spektakel war nötig auf dem Weg hierher? Im uns bekannten Teil des Universums gibt es dem Physiker Brian Cox zufolge grob geschätzt zwei Billionen Galaxien – das sind 2000 Milliarden Galaxien. Mehr Galaxien, als Elon Musk Ego hat. Und diese Galaxien sind mal größer und mal kleiner als unsere Milchstraße, die allein 400 Milliarden Sterne enthält. Das Licht, das sich mit 299 792 Kilometern pro Sekunde vorwärtsbewegt, braucht, um unsere Milchstraße zu durchqueren, satte 100 000 Jahre. Neuere Ergebnisse legen allerdings nahe, dass die Milchstraße vielleicht sogar doppelt so groß ist. Das ist für die Wissenschaft eine sensationelle Erkenntnis – für uns heißt es einfach: Unsere Galaxie ist doppelt unbegreiflich riesig. Und nur eine von 2 000 000 000 000 Galaxien. Allein der für uns sichtbare Teil des Universums ist absolut unfassbar groß. Und es gibt guten Grund zur Annahme, es könnte jenseits unserer Wahrnehmungsmöglichkeiten noch deutlich größer, womöglich unendlich sein. Es ist arg unwahrscheinlich, dass wir die einzigen erkennenden Wesen in diesem Universum sind, das wäre Platzverschwendung, wie der Astronom Carl Sagan sagte. Wir können allerdings zum Beispiel nicht ausschließen, dass es zufällig unser Planet war, auf dem zuerst erkennendes Leben entstand. Das hieße, aktuell gibt es womöglich in diesem ganzen, unfassbar riesigen Universum nur uns, die es erblicken und dem kosmischen Spektakel ins unendlich funkelnde, dunkle Auge schauen. Der Physiker Enrico Fermi hat dafür sogar ein Argument formuliert: Wenn es außerirdisches Leben gibt, müsste es in Anbetracht der Größe und des Alters des Universums längst große Zivilisationen geben, die viel im interstellaren Raum unterwegs sind und dabei Spuren hinterlassen. Fermi brachte seinen Zweifel daran so auf den Punkt: »Where is everybody?«

Wenn es nur uns gäbe, wie erstaunlich wäre das? Wir wären in diesem gigantischen Universum weiterhin räumlich nahezu unendlich unbedeutend, aber Erkenntnis, Emotion und Emmentaler – das gäbe es nur hier. Unsere Existenz ist ein derart unbegreifliches Geschenk, dass es selbst aus naturwissenschaftlicher Sicht poetisch und beinahe magisch klingt. Sollte es so sein, dass wir womöglich die einzigen denkenden und begreifenden Wesen im Universum sind, dann ginge damit eine absurd große Verantwortung einher, uns nicht selbst auszulöschen und den Planeten mehr oder weniger unbewohnbar zu machen. Denn damit würden wir womöglich auch komplett alles Denken und Wahrnehmen aus dem Universum löschen. Ich sag das nur, falls du noch einen Grund brauchst, nicht aussterben zu wollen.

Zum Thema Sterben hat die Naturwissenschaft übrigens noch eine gute Nachricht für euch: Wenn wir eines Tages sterben, dann verschwinden wir auch aus naturwissenschaftlicher Sicht nicht: Die Materie, aus der wir bestehen, formiert sich neu. Das Leben geht weiter und unsere Bauteile bleiben dabei, der Sternenstaub geht weiter seinen Weg. Das passiert auch schon während unseres Lebens. Gemäß dem Bauplan in unserer DNA erneuert sich der Körper stetig neu. Verbunden ist das alles nur durch etwas, das wir »Ich« nennen, mit dem wir unsere Empfindungen, Gedanken und Körper identifizieren. Doch auch diese Empfindungen und Gedanken verschwinden nicht. William Shakespeare liebt nicht mehr, aber Liebe ist noch da. Margaret Burbidge stellt keine Theorien mehr auf, aber es gibt neue Theorien. Alles, was wir sind, alles, was uns ausmacht, besteht fort und findet neue Fixpunkte, an denen es kurz verweilt, bevor es weitereilt. Allein durch die Vergänglichkeit erhält alles, was wir machen und was wir mögen, nicht nur eine Bedeutung, sondern auch eine Erträglichkeit. Das gilt selbst für das Glück. Stellt euch vor, euer Lieblingsessen wären Spaghetti mit Tomatensoße. Würdest du das unendlich oft essen wollen? Oder wäre irgendwann der Punkt erreicht, an dem du denkst: Okay, heute esse ich mal was anderes. Vielleicht Linguine mit Tomatensoße. Wenn nicht, dann schau doch mal bei den Pastafaris vorbei.

Ich will mit meinen Ausführungen über Naturwissenschaft hier keinen Glauben in Zweifel ziehen. Mag sein, dass Marx die Religion für das »Opium des Volkes« hielt, ich bin da für eine Legalisierung. Aber ich würde religiöse Schriften allerdings nicht immer und alle wörtlich nehmen. In der Kirche San Pietro in Vincoli in Rom kann man eine über zwei Meter große, monumentale Statue bewundern, die Michelangelo 1513 bis 1515 geschaffen hat. Prachtvoll in Marmor gemeißelt, sitzt Moses da mit seinen Tafeln in der Hand, einem beachtlichen Bart und zwei Hörnern auf dem Kopf. Es sind sehr schöne Hörner, aber er trägt sie zu Unrecht. In einer weit verbreiteten Bibelübersetzung wurde das hebräische Verb וַיִּקְרַן mit dem lateinischen Wort für *gehörnt* übersetzt. Es bedeutet jedoch eher *strahlend*. Moses hatte keine Hörnchen wie ein Kalb oder ein Teilzeitteufel, sondern er glänzte wohl einfach. Mir ist bewusst, dass das nach meinen leicht schelmischen Kommentaren zu den ausbleibenden Weltuntergängen der Johannesoffenbarung nun schon die zweite Stelle ist, an der ich sanft warne, die Bibel oder andere religiöse Schriften allzu wörtlich zu nehmen. Trotzdem finden wir in der Bibel durchaus richtige und wichtige Ideen, zum Beispiel die erwähnte Nächstenliebe. Mir ist klar, dass Jesus jetzt nicht der Erfinder der Liebe ist, aber recht hat er natürlich trotzdem. Wenn man einen anderen Propheten oder eine andere Prophetin vorzieht oder auch ohne religiöse Anleitung ein Leben voller Nächstenliebe, Engagement und Menschlichkeit führt, dann bin ich mir sicher, dass man damit näher an Jesus dran ist als so mancher geldgieriger Prediger mit goldenem Hut auf prächtigem Thron.

Glaubt jemand ernsthaft, man vollbringt Jesus' Werk, indem man durchsetzt, dass in jedem bayrischen Klassenzimmer Kreuze hängen, während man gleichzeitig die Sozialhilfe kürzt, die Welt der fossilen Lobby opfert oder gegen Minderheiten Stimmung macht? Wenn wir schon dabei sind: Was wäre heute los, wenn eine Gruppe junger Männer aus dem Nahen Osten sich auf den Weg hierher machen würden, um uns von ihrem Glauben zu predigen – und einer davon würde sagen, er sei der Sohn Gottes? Wie viele Wunder wären nötig, damit sie sicher übers Meer kommen, an Frontex vorbei, die Lage auf Lesbos überstehen und irgendwie zu Fuß über den Balkan und Ungarn bis hierher gelangen? Und dann würden sie wie Rohstoffe und

Handelsware in einem Container untergebracht, hinter einen Zaun, in einem Ankerzentrum und dürften das Kreuz der Ignoranz des »christlichen Abendlandes« tragen.

Ich mag besonders die Stellen, an denen sich kognitive Dissonanzen und scheinbare Widersprüche auflösen, zum Beispiel zwischen Glaube und Wissenschaft. Einen tragfähigen Gottesbeweis habe ich zwar noch nicht gelesen, auch, wenn seit Jahrhunderten versucht wird, einen solchen zu formulieren. Aber wir haben inzwischen einen Eva-Beweis. Es lässt sich anhand unserer Gene nachweisen, dass es tatsächlich eine Urmutter aller heute lebenden Menschen gegeben hat. Sie wird in Fachkreisen die »mitochondriale Eva« genannt und lebte vor 99 000 bis 148 000 Jahren in Ostafrika. Einen entsprechenden Adam hat es auch gegeben, er lässt sich allerdings mit heutigen Methoden noch deutlich schwerer zeitlich eingrenzen. Was mit der Schlange und dem Apfel ist, das weiß ich wiederum nicht. Aber der Gedanke, dass wir Menschen heute tatsächlich alle eine große Familie sind, den mag ich. Solange ihr nicht alle zu Weihnachten bei mir zu Hause vorbeikommen wollt.

Wie wäre es, wenn wir uns darauf einigen, dass alle Formen von Glauben friedlich und tolerant nebeneinander existieren? Sogar das fliegende Spaghettimonster und der Atheismus kriegen ihren Raum. Wir verständigen uns vorher auf ein paar Grundlagen, wie die absolute Priorität, das Leben in seiner Vielfalt zu erhalten, jetzt und in Zukunft alle Menschen und ihre Lebenswelten zu schützen, Toleranz und Rücksichtnahme walten zu lassen, den Glauben nicht zu instrumentalisieren, weder, um Menschen zu manipulieren, noch, um Gewalt zu legitimieren. Unabhängig davon, ob du glaubst, diese Welt sei durch Schöpfung entstanden, Ergebnis eines kosmischen Spektakels oder Resultat allmächtiger Spaghetti: Bewahren sollten wir sie und uns. Wir sind Sternenstaub – verhalten wir uns entsprechend. Amen.

WIE ALLES GUT WIRD

Darkness cannot drive out darkness: only light can do that.
Hate cannot drive out hate: only love can do that.
Martin Luther King, jr.

Dies ist kein langes und es ist definitiv kein vollumfängliches Buch. Weder beschreibe ich in allen Details die zahlreichen Krisen und ihre Zusammenhänge, die uns derzeit umgeben, noch lege ich in aller Ausführlichkeit dar, wie diese zu lösen sind. Wer mitgezählt hat, wird bemerkt haben, dass von den angekündigten 5712 Schritten, mit denen man die Welt retten kann, noch ziemlich viele offen sind. Bevor jemand Klage einreicht: Das ist keine freche Unterschlagung und liegt auch nicht daran, dass ich schlecht in Mathe bin. Eher hat sich herausgestellt, dass ich sehr viel weniger als 5712 Schritte konkret benennen muss – und das sogar mehr als kontraproduktiv wäre. Denn auch wenn wir ein gemeinsames Ziel haben, bedeutet der Satz »Alles wird gut« für jeden Menschen etwas anderes. Wir müssen also ab einem gewissen Punkt unseren eigenen Weg wählen und damit auch andere Optionen ein Stück weit in den Hintergrund schieben. Das heißt aber nicht, dass wir nicht mehr gendern müssen, weil wir ja letzte Woche einmal den Müll getrennt haben. Wir sollten nur Schwerpunkte setzen.

Dennoch gibt es Schritte, die ich für den Anfang für entscheidend halte: Wir müssen unsere Situation erkennen und verstehen. Das ist überaus leichter gesagt als getan in einer Zeit, in der Desinformationen so zahlreich kursieren wie Wolken in mittelmäßiger Lyrik. Zudem fällt es vielen Menschen allein schon schwer, regelmäßig die Nachrichten zu konsumieren, weil diese so einen Fokus auf negative Entwicklungen haben. Es mag kontraintuitiv klingen, aber die Lösung sind noch mehr Informationen und das Wissen darum, dass es durchaus auch positive Entwicklungen gibt. Ich habe das in diesem Buch bei einigen zentralen Themenfeldern versucht und dabei auch auf Humor gesetzt, wie man weiß die große Stärke deutscher Autor*innen. Wir dürfen insbesondere inmitten von Krisen nicht unseren Humor verlieren, denn er ist unsere Erdung und unsere Leichtigkeit zugleich. Außerdem ist es voll okay, zwischendurch auch mal zu lachen, es geht schließlich nur um die Zukunft der Menschheit. Und in vielen Bereichen läuft so viel schief, es ist derart absurd, dass man manchmal auch nur noch darüber lachen kann. Der nächste Schritt ist dann idealerweise, dass man etwas ändert.

Denn die Welt wird nicht untergehen. Aber wie sie weitergeht, das liegt in unseren Händen. Diese Erkenntnis ist der nächste wichtige Schritt: Wir können etwas tun. Es ist nicht vorbei, wir sind nicht verloren. Das beste Mittel gegen das erdrückende Gefühl der Ohnmacht ist, selbst aktiv zu werden. Dazu müssen wir nicht unser Leben aufgeben. Es ist nicht mal notwendig, dass wir sofort alle vegan werden, unsere Autos rituell verbrennen und unser gesamtes Geld frittieren und wegknuspern. Macht euch locker, ihr müsst weder die Welt im Alleingang retten noch immer alles richtig machen. Wir sind Menschen. Wer von uns Perfektion erwartet, der hegt vermutlich auch Hoffnungen auf einen aerodynamischen Würfel. Das gilt selbstverständlich auch für Menschen, die sich engagieren. Auch sie dürfen an manchen Stellen unrund laufen, noch dazulernen, Fehler oder sogar mal Pause machen.

Aktivismus hat einen erstaunlich schlechten Ruf. Vielleicht liegt es daran, dass viele Menschen den Status quo lieben und erhalten wollen. In einem reichen Land ist das nicht verwunderlich. So werden Forderungen nach Veränderung sehr schnell etwas diffus als »Bedrohung des Wohlstands« dargestellt und sofort trifft der Widerstand auf harten Widerstand. Das ist wenig erstaunlich. Was mich jedoch irritiert, ist die Tatsache, dass es allen Grund zur Annahme gibt, dass große Veränderungen notwendig sind, um diesen »Status quo« und unseren Wohlstand einigermaßen zu erhalten. Haben Aktivisti hier womöglich gar nicht so andere Ziele als die meisten anderen Menschen?

Da sind wir wieder an dem Punkt, dass sich wohl jeder Mensch wünscht, dass alles gut wird. Lasst uns von dieser Basis aus ins Gespräch darüber kommen, wie wir das erreichen können. Auch oder gerade weil wir so unterschiedliche Vorstellungen davon haben, was das bedeutet und wie das erreicht werden kann. Möge es uns gelingen, wenigstens zu erkennen, dass wir Widersprüche aushalten können und dass es genug Raum für die verschiedensten Lebensentwürfe gibt.

Achtet mal auf den Perspektivwechsel, der sich ergibt, wenn man sich ein positives Ziel setzt. Der Kampf gegen all die Widerstände ist so viel einfacher, wenn man eine Utopie hat. Eine Vorstellung davon, wie schön das Leben sein könnte und kann. Das sind keine weltfremden Träumereien: Es gibt längst Kulturen, die einen nachhaltigen Umgang mit der Umwelt pflegen. Es gibt Städte, die durch eine Verkehrswende lebenswerter, sauberer und sicherer geworden sind. Es gibt Unternehmen, die zum Wohle aller Mitarbeitenden wirtschaften. Es gibt Betriebe, die ohne Konkurrenz, ohne Angst vor Arbeitslosigkeit und ohne Profitgier funktionieren. Es gibt spektakuläre Beispiele für partizipative Demokratie und soziale Gerechtigkeit. Es gibt Ansätze für eine Gesellschaft ohne Rassismus, Sexismus, Ableismus oder Running Gags über ABBA. Es gibt Wege, wie Menschen unterschiedlichen Glaubens trotz aller Unterschiede friedlich und tolerant zusammenleben können. Ich weiß das, meine Mutter ist katholisch und mein Vater evangelisch. Wir können es hinkriegen, dass jeder Mensch selbstbestimmt und frei über sich, seinen Körper und seine sozialen Beziehungen entscheiden kann, ob nun romantisch, freundschaftlich, sexuell oder alles auf einmal. Es gibt sogar veganes Essen, das fast jedem Menschen schmeckt – und wer das nicht glaubt, der werfe die ersten Pommes.

Es sind aber bei Weitem nicht nur die bereits existierenden Lösungen, die uns aus den Krisen unserer Zeit helfen können. Es gibt so viele Utopien, so viele Visionen, so viele kühne Gedankenexperimente und Gesellschaftsentwürfe – und wenn man einmal die Tür im Kopf geöffnet hat, dann können es noch so viel mehr werden. Denn es ist klar, dass es nicht den einen Weg gibt, auf dem wir alle Hand in Hand in eine bessere Zukunft gehen müssen. Ebenso wenig gibt es einen Anlass zur Hoffnung, sondern sehr, sehr viele.

Wen trotzdem die Frage umtreibt, was man denn jetzt ganz konkret machen kann, dem gebe ich zumindest mal ein paar Ideen mit auf den Weg: Als Erstes würde ich schauen, welches Thema dich am meisten beschäftigt. Welcher Missstand wurmt dich? Ich kann empfehlen, dich darauf zu fokussieren. Denn der Weg wird weit – und je mehr man für eine Sache brennt, umso länger läuft der Motor. Und ja, da habe ich aus lauter Formulierfreude einen Verbrennungsmotor als Metapher genutzt. Wenn du dein Thema hast, dann lohnt sich ein Blick darauf, was du gut kannst. Gibt es ein Spezialgebiet, in dem du etwas beitragen kannst? Banner für Demos malen, Aufklärungsarbeit im Internet leisten, den strukturellen Aufbau einer Organisation begleiten, Aktivisti juristisch beraten – es kann alles sein, es wird alles gebraucht. Denkt auch außerhalb aller Boxen: Ich wäre beispielsweise nicht von alleine darauf gekommen, dass man einen Fluss als Lebewesen anerkennen, eine Firma komplett ohne Hierarchie schaffen kann oder eine weltweite Bewegung auslöst, indem man sich freitags vor das Parlament in Schweden setzt. Im nächsten Schritt gilt es, sich mit anderen zu vernetzen. Welche anderen, fragst du jetzt vielleicht? Insofern du nicht im einzigen Gehöft auf einer Hallig umgeben von den rauschenden Wellen der Nordsee bist, gibt es in deiner Nähe mit Sicherheit Menschen, die sich in dem Bereich engagieren, zu dem du etwas beitragen willst. Du weißt, wie das Internet funktioniert, du findest sie. Sei nah und offen mit deinen Mitmenschen, auch wenn ihr nicht immer einer Meinung seid. Vernetzen wir uns, denn gemeinsam sind wir mehr. So viel Mathe verstehe sogar ich.

Und dann kannst du zum Beispiel Demos organisieren und auf der Straße aktiv werden. Das ist Teil einer demokratischen Gesellschaft und es ist deutlich einfacher, als du vielleicht denkst. Zumal du das eben nicht allein machen musst. Du kannst selbstverständlich auch noch ganz andere kreative Protestformen entwickeln. Oder du nimmst Kontakt zu deinen Abgeordneten auf und machst sie auf deine Anliegen aufmerksam. Oder du startest Petitionen. Bring dich ehrenamtlich in Vereinen ein.

Es gibt so vieles, was du machen kannst. Das ist die Hauptsache, die du nie vergessen darfst. Wir sind nicht Pippi Langstrumpf und können uns die Welt nicht mal eben so machen, wie sie uns gefällt. Ich weiß das, ich habe vorhin versucht, ein Pferd hochzuheben. Aber wir können mehr machen, als viele glauben. Die Welt, wie sie ist, die Gesellschaft, wie sie sich darstellt, die Politik, die Wirtschaft, all das beruht auf Ideen, die irgendwann mal jemand hatte und die dann umgesetzt wurden. Das bedeutet auch, dass wir all das ändern können. Umso besser, je klarer uns ist, wohin wir damit wollen.

Im Kapitel über die Medien habe ich die *conformation bias* erwähnt, zu Deutsch *Bestätigungsfehler*. Das ist auch eine kognitive Verzerrung, aber eine, der wir durchaus nicht schutzlos ausgeliefert sind. Denn unser Denken ist so ausgelegt, dass es sich Bestätigung für seine Überzeugungen sucht. Wenn wir zum Beispiel so lange negative Nachrichten hören, kann es passieren, dass wir es für unglaubwürdig halten, wenn uns von etwas Gutem berichtet wird. Das macht unser Gehirn nicht, weil es böse oder kaputt ist, sondern weil es halt so funktioniert. Genau an dieser Stelle können wir ansetzen: Richten wir unseren Blick auf die Möglichkeiten und auf unsere Vorstellung davon, wie alles gut werden kann. Denken wir jeden Tag an unsere Utopien und schauen wir zum Ausgleich auch mal auf die Entwicklungen, die jetzt gerade passieren und in gute Richtungen führen. Das heißt nicht, dass wir alle Krisen vergessen. Wir sind imstande, auch scheinbar widersprüchliche Gefühle und Gedanken in uns zu tragen. Ich kann ausufernd darüber schreiben, wie unfassbar gigantisch das Universum ist und wie klein darin der Mensch, und im nächsten Satz darüber, wie unfassbar riesig der Mensch ist im Vergleich zu den geschätzten 39 Billionen Bakterien, denen er Heimat bietet. In jedem von uns sind hundertmal mehr Bakterien als Sterne in der Milchstraße. Wir sind kleiner als ein Staubkorn und haben zugleich galaktische Ausmaße. Beides ist wahr. Und auch diese Welt vereint scheinbare Widersprüche. Unser Planet kennt viele Katastrophen, keine Frage. Aber er ist eben auch die Heimat der Nordlichter, der Liebe, der Schmetterlinge, des Lachens, der taubefleckten Frühlingswiesen und der rotweinbefleckten Träumer wie mich. Meinetwegen leg dieses Buch irgendwann weg und vergiss mich, aber bitte vergiss nie, auch das Schöne zu sehen, die Hoffnung, den Optimismus und all die engagierten Menschen, die für eine bessere Zukunft für uns alle kämpfen. Mach die Vorhänge auf und lass das Licht rein. Die Welt bleibt die gleiche, aber unser Blick ändert sich und damit allmählich auch unser Denken. Wir können das hier alles besser hinkriegen, nichts muss so bleiben, wie es ist, und so gut wie überall ist Luft nach oben und schon Bewegung in der Sache.

Wir dürfen uns nicht verlieren, auch wenn vieles zum Verzweifeln ist. Stürme, Überschwemmungen, Dürren und Waldbrände, Krieg, Gewalt, Hass, Hetze, schwimmende Plastikmüllkontinente in den Ozeanen, Massentierhaltung, Gleichgültigkeit, Populismus, Kinderarmut, immer reicher werdende Superreiche, Mozzarella-Wurst-Salat, Mobbing, Sexismus, Rassismus, Ableismus, Diskriminierung in all ihren Facetten – es liegt nahe, angesichts all dessen den Kopf hängen zu lassen. Doch genau dann hebe den Kopf und schau hin. Nicht nur auf die Probleme, sondern immer auch auf all die Menschen, die sich gegen all das einsetzen. Die sind da, immer. So viele geben alles, geben niemals auf und erreichen damit so oft beinah unglaubliche Fortschritte. So viele verbreiten Liebe in der schlimmsten Not, verbreiten Licht in der dunkelsten Nacht und man fragt sich: Wie machen diese Menschen das? Und doch ist es ganz einfach: Es ist Hoffnung. Es ist das Wissen, dass alles besser werden kann und dass wir Teil dieser Besserung sein können. Das ist eine menschliche Konstante, jenseits aller Unterschiede, die wir zwischen uns sehen mögen. Engagierte Menschen sind nicht übermenschlich stark, magisch begabt oder heimlich bei den Avengers. Sie wissen einfach, dass die Welt ein guter Ort werden kann, Schritt für Schritt. Die 5712 Schritte dahin findest du selbst, denn wenn wir ein Ziel haben, können wir losgehen. Dann kommen wir ins Handeln und spüren auch unsere eigene Wirksamkeit. So erkennen wir, was wir alle gemeinsam haben, was wir

Sebastian Rabsahl, Jahrgang 1979, alias Sebastian 23 ist Bestsellerautor, Poetry Slammer, studierter Philosoph und Gitarrist. Seit 2000 tritt er bei Poetry Slams auf und zählt zu den bekanntesten Vertretern dieses Formats. Als Komiker gewann er zahlreiche Preise. Inzwischen tourt er mit Soloshows, ist als Aktivist für Klimagerechtigkeit unterwegs und kommentiert mit seinen kritischen und satirischen Social-Media-Beiträgen das Zeitgeschehen. Im November 2023 erhielt er den »Alfred-Müller-Felsenburg-Preis für aufrechte Literatur«. Neben all dem hat Sebastian 23 ein Privatleben, welches in Bochum stattfindet.

www.sebastian23.org

Aktuelle Termine: https://sebastian23.org/live-termine

QUELLEN

1. https://www.geoffmulgan.com/post/social-imagination
2. https://www.dw.com/de/der-hunger-hat-ostafrika-weiter-im-griff/a-66035415
3. https://x.com/f_schaeffler/status/1675451637958078465
4. siehe: https://x.com/antonioguterres/status/1537824388485087234?lang=de
5. siehe: https://www.adfc.de/artikel/utrecht-in-zehn-jahren-zur-fahrradstadt-der-superlative
6. siehe: https://www.welt.de/politik/deutschland/plus239070871/Jens-Spahn-Links-Eingestellte-halten-Diskurs-nur-in-Richtung-der-eigenen-Meinung-aus.html
7. https://x.com/_FriedrichMerz/status/1687762994720075776

Der Verlag weist ausdrücklich darauf hin, dass im Text enthaltene externe Links vom Verlag nur bis zum Zeitpunkt der Buchveröffentlichung eingesehen werden konnten. Auf spätere Veränderungen hat der Verlag keinerlei Einfluss. Eine Haftung des Verlags ist daher ausgeschlossen.

Besuchen Sie uns im Internet:
www.bene-verlag.de

Originalausgabe März 2024
© 2024 bene! Verlag
Ein Imprint der Verlagsgruppe Droemer Knaur GmbH & Co. KG, München
Alle Rechte vorbehalten. Das Werk darf – auch teilweise – nur mit Genehmigung des Verlags wiedergegeben werden.
Die Nutzung unserer Werke für Text- und Data-Mining im Sinne von
§ 44b UrhG behalten wir uns explizit vor.
Lektorat: Andrea Langenbacher, Stefan Wiesner
Coverabbildung: Christoph Neumann, Mark Stay/stock.adobe.com, suorun/stock.adobe.com
Covergestaltung, Satz und Layout: Maike Michel
Druck und Bindung: GGP Media GmbH, Pößneck
ISBN 978-3-96340-289-0

5 4 3 2 1

erreichen wollen und was uns in unserer Vielfalt verbindet. Es geht uns sofort besser, wenn wir die Ohnmacht überwinden und etwas bewegen. Und sei es nur, dass wir das Licht anmachen und plötzlich vor uns diese Möglichkeit sehen: Alles wird gut.

Foto: Martin Steffen